Catalízate

Gabriela Higa

Catalízate

Manifiesta tus deseos y transforma tu realidad con EFT Tapping

Autora: Gabriela Higa.

ISBN: 9798301123726

Contenido

Prefacio

Nunca me sentí tan segura de escribir un libro como en este momento. Las ideas llegaron de forma arrolladora, como una tormenta eléctrica que esperas tras días pesados, repletos de humedad, cuando sabes que la lluvia está por caer en cualquier instante.

Y cuando por fin empieza a caer el chaparrón, aprecias todo lo que esperaste los días previos, porque sabes que el agobio que sufriste antes se fue acumulando con el fin de darte la tormenta perfecta.

Esas tormentas en las que te toca estar en casa, arropada bajo una manta en tu sillón, con un chocolate caliente en mano y a punto de ingresar en el universo de tu libro favorito.

No sé si estás leyéndome en el contexto que acabo de describir, o si este se convertirá en uno de tus libros favoritos, pero frente a esta posibilidad, deseo que, así como yo hoy estoy cumpliéndome el sueño de escribir un libro sin resistencias y con total fluidez, tú también te cumplas tus deseos, solo porque sí, sin dudas ni límites.

Ya no tienes que esperar ni dudar más, este es el momento en el que todo cobra sentido y te aprecias aquí y ahora.

A través de Catalízate te voy a revelar todo sobre cómo transformar tu realidad con el poder de tus emociones y la práctica del tapping.

Mi objetivo es que te des cuenta de que no estás mal y de que manifestar la realidad que quieres no es tan difícil como crees y que, si lo haces difícil, es porque quieres.

En este preciso instante ya tienes todas las chances de ganar, aunque intentes sabotearte creyendo que tienes patrones muy difíciles de cambiar y aunque tengas miedo de ponerte trabas en el futuro. Ahora mismo, estás frente a una infinidad de posibilidades en las que tu manifestación ingresa a tu vida, con tus deseos cumplidos.

La clave es que te hagas cargo de todo lo que estás manifestando y que dejes de juzgar si lo que ocurre es bueno o malo.

Si manifestar fuera un código binario de sí/no, y que cuando vibras en "sí" fluyes y cuando vibras en "no", te trabas, el foco acá lo tendremos en decir que "sí" a todo lo que venga con tus deseos, incluyendo las ilusiones que parecen obstáculos. De esta forma, soltaremos en serio las resistencias que te venían impidiendo manifestar tus deseos.

Te daré los pasos para sentirlo todo, y que por fin te desbloquees y experimentes lo que es fluir, abriéndote a decirle que sí a tu deseo, en todo sentido.

Y ya que este libro trae mucha práctica, y no estoy ahí para darte el apoyo que crees que necesitas (porque en realidad, no me necesitas), tengo que pedirte que hagamos un pacto.

Yo me comprometo a darte todo lo que he descubierto hasta acá, de forma simplificada y práctica, y tú te comprometes contigo a asumir completa responsabilidad sobre tus emociones.

Ya que como herramienta catalizadora usaremos EFT tapping, tengo que aclarar que:

Lo que vas a leer en este libro tiene fines informativos y educativos. El EFT tapping es una técnica poderosa para lidiar con las emociones y, como cada persona es distinta, los resultados pueden variar.

Si estás bajo tratamiento o alguna condición especial o, si te genera dudas esta herramienta, antes de probar cualquier cosa que leas acá, tienes que consultarlo con un profesional de la salud mental o con un médico.

Al hacer el tapping, sí o sí, tienes que hacerte cargo de lo que sentís y de tus vivencias.

Uh, eso sonó bastante heavy, perdón. Ya que me estoy abriendo a que este libro llegue a todo el mundo, debo hacer este descargo. (Y de paso, le agregamos una pizca de adrenalina a la experiencia, ¿verdad?).

Además de aprender cómo tus emociones están creando tu realidad y cómo usar el tapping para hackear esa creación, te daré las llaves para que diseñes tu propia práctica y que ya no tengas que depender más de mí ni nadie para continuar con tu expansión.

Mi historia catalizándome con EFT Tapping

Estoy tentada a decir "ojalá hubiera sabido todo esto antes", pero no. Sé que mi alma me permitió vivir todas mis experiencias para apreciarme en esta existencia y, llegado el momento justo, dominar esta herramienta con mucha ventaja en entendimiento. Lo que voy a contarte a continuación es, seguramente, una de tantas versiones que puedo relatar de mi historia.

En mi caso, vengo de una familia de clase media argentina, de descendientes de inmigrantes japoneses. Soy la hermana mayor de dos y crecí estudiando en colegios privados. Mis padres siempre fueron muy trabajadores. Mis abuelos, mucho más.

Nunca me faltó nada, de igual manera, de niña, he tenido varios caprichos sin cumplir. Además, desde el jardín hasta el inicio de mi adultez fui a la iglesia evangélica, ya que casi todos mis parientes son cristianos. O sea que, más de la mitad de mi vida, creí que había un Dios barbudo que desde el cielo decidía mi destino, y que lo único que tenía que hacer era hacerle caso y no avergonzarlo.

Estudié varias carreras, desde criminalística hasta pastelería. Obviamente, no me dedico a nada de eso más que mencionar que sé armar y desarmar pistolas y revólveres y decir que sé hacer tortas, si quiero conquistar a alguien que le gusten los dulces.

A mis veinte, mientras estudiaba balística y trabajaba como maestra de inglés, decidí que estaba cansada de las carreras y trabajos tradicionales, así que empecé a gestar la idea de emprender. Renuncié a mi puesto de maestra y me fui a trabajar a un call center, que requería menos agobio mental para poder estudiar y leer todo sobre negocios.

La idea de la libertad de tiempo y libertad financiera me tenía loca. Tanto que un día, decidí renunciar para emprender vendiendo tortas.

Un mes después, mi novio de ese entonces, sufre un accidente y muere a los dos días de internado. Ahí experimenté el dolor de corazón más grande que jamás hubiese imaginado. Mi futuro de familia con él, desapareció en un segundo. Los planes de casarnos y viajar por el mundo, se esfumaron como un suspiro.

Ese fue un gran punto de inflexión en mi vida, ya que ahí me di cuenta de que todo puede cambiar en un instante y que no tenía sentido nada de lo que había aprendido de la iglesia. No me servía de nada pensar que él estaba en el cielo "con Jesucristo". Él no tenía por qué morir así y yo tampoco merecía perderlo de esa forma. Cualquier explicación de esa muerte terminaba siendo mucho peor que simplemente decir: "fue mala suerte".

Al año siguiente, no vi mejor manera de curar mi duelo que juntar dinero e irme de viaje por el mundo. Trabajé un tiempo en otro call center, hasta que no aguanté más y armé una colecta vendiendo panes dulces, para reunir fondos suficientes para viajar los próximos meses.

Mi primer destino fue Bariloche, en la Patagonia Argentina. Un momento que recuerdo como calco, fue estar a las orillas del lago Nahuel Huapi y darme cuenta de la grandeza del universo. **Supe que tal vez había algo más allá, que estar viva era una bendición y que lo más preciado que tenía, era disfrutar el presente.** Ya sé, es muy cliché, pero para mí tuvo sentido entender que no había ni futuro ni pasado más relevante que el ahora, teniéndolo todo y teniendo nada al mismo tiempo.

Allí en el Sur conocí a mi segundo amor, de quien me enamoré tanto, que decidí no seguir viajando para crear esa historia con él. Nos mudamos juntos y empecé a trabajar en hoteles, mientras estudiaba cómo funcionaban los Negocios por internet.

Como no me gustaba el frío de la Patagonia, le pedí a mi pareja volver a Buenos Aires, seguir estudiando acá y vivir en un clima más amable.

Trabajaba como administrativa en una empresa, estudiando a full cómo se mantenían los blogueros que viajaban por el mundo, hasta que un día, junté dinero suficiente para subsistir unos meses y lanzarme a bloguear.

Desde ese año en adelante, emprendí en muchísimos temas y siempre me pasaba lo mismo. O lograba hacer mucho dinero y me aburría tremendamente o me divertía y ganaba las justas. No llegaba nunca a esa idea, que había comprado de emprendedores famosos, que decían que emprendiendo se lograba la libertad total, cuando mi realidad era más esclavizante que trabajando en relación de dependencia.

Más allá de que tenía logros que podía refregarle a cualquiera en la cara, no estaba contenta. Hacía dinero, pero me sentía vacía, fea y pobre. Que, ojo, crear realidad no se trata de lo contrario. Sin embargo, sentía que había algo que no estaba captando. Parecía que los famosos de Instagram tenían demasiada suerte y no tenía que ver con el nivel de esfuerzo o sacrificio.

En eso, conecté con varios escritores sobre Ley de la Atracción, especialmente con una chica de pelo rosa, toda tatuada, que usaba plataformas con tacos transparentes de 25 cm, que apareció como invitada en un podcast de otra emprendedora que seguía hace rato. Lo que me llamó la atención de ella, fue que decía que la clave para tener suerte era sentirse bien y sexy.

Sí, ya había escuchado lo de sentirse bien, pero ella sacó el tema de sentirse sexy. Conecté con ella desde la diversión y la curiosidad. Entre sus ofertas, había un curso online llamado Rituales Radicales de abundancia, en donde ella compartía todos los rituales que la ayudaban a atraer riqueza. Y dije: "¿por qué no?" Era dentro de todo barato (creo que salía 50 dólares) y no sonaba muy complicado.

Resulta que había una práctica en la que teníamos que hablar en voz alta y tocar unos puntos en el rostro y cuerpo. Cuando vi el video dije: "¿Qué es esta locura?" Pero como estaba abierta a todo, me animé a intentarlo igual.

Como en ese momento vivía en un departamento chico con mi pareja, no quería que me viera haciendo esa ridiculez, así que puse el video en mi celular y me fui al baño.

Coloqué el teléfono sobre el estante que estaba abajo del espejo, me miré y empecé a practicar lo que decía mi maestra. Las frases que tenía que repetir representaban todo lo contrario a lo que había aprendido desde hacía años, acá estaba diciendo la verdad. Estaba expresando que me sentía frustrada, que estaba cansada de tener que luchar con el dinero y que no me sentía bien con el tema. Empecé a bostezar y lagrimear, sin entender lo que estaba pasando.

A los pocos minutos, sentí el cambio de energía. Ya no me molestaba el tema del dinero. Continué mi día como si nada y empezó a aparecer dinero así: de la nada. El ritual había funcionado.

Me encantaría decirte que después de eso, resolví mis problemas económicos desde la raíz, sin embargo, no tardé mucho en volver a mi preocupación regular, y estuve así por varios años.

A pesar de eso, fue la vez que entendí a qué se referían los gurús de manifestación cuando hablaban de energía y materia, y que lo que generaba cambios en la materia, comenzaba desde lo más sutil.

Luego de mi primera experiencia con el tapping a escondidas en el baño, seguí tomando cursos y estudiando todo sobre la práctica, entre otros conceptos de manifestación y creación de realidad. También lo empecé a compartir con mis alumnos de mis cursos de organización, que estaban fascinados.

A partir de ahí, el tapping pasó a formar parte de mi vida diaria, como un recurso de emergencia para cuando sentía ansiedad y quería sentirme un poco mejor.

Más tarde, en 2020, practicando tapping y siendo muy clara en lo que quería, logré saltar a una realidad, que mi abuela decía que era un sueño que mucha gente alcanza recién cuando se retira y se jubila: me mudé a una casa de montaña, rodeada de naturaleza, decidiendo mis tiempos, libre de agendas, con quienes más amaba.

El *vision board* (tablero de visión o tablero de sueños) que había armado el año anterior, era igual a lo que después experimenté con mi esposo y nuestro perro. Vivir en una casa con vistas al paraíso, rodeada de un jardín lleno de flores, con un deck mirando hacia las montañas. Parecía un cuento de hadas.

Mientras todo el mundo estaba sufriendo el encierro de la pandemia, yo estaba en la casa de mis sueños, en el Valle Sagrado de los Incas, generando ingresos online, en un entorno espectacular, con mi núcleo familiar, sanos y a salvo.

Claro que estaba atenta a mi familia en Buenos Aires, pero igual disfrutaba vivir en una burbuja totalmente distinta a la de los demás.

Si bien no todo era perfecto, aproveché lo más que pude de esa bella experiencia, hasta que todo comenzó a caer.

Mi matrimonio, que parecía tan perfecto, se empezó a resquebrajar. Mi negocio, que funcionaba tan fluidamente, me generaba cada vez más frustración. Mi cuerpo, que tanto había apreciado antes de casarme, estaba más abandonado que nunca. Hacía tapping para sentirme bien, pero esta vez, parecía no funcionar.

En un momento empecé a despreciar todo lo que me rodeaba, incluyéndome a mí misma. Aunque años atrás, viajando sola, había conectado con la idea de que lo único que tenía era el presente y que el pasado y el futuro no importaban, ahora ni era capaz de relajarme. Vivía ansiosa y estresada por todo, y a la vez resistiendo sentirme mal, para no perder todo lo que había logrado.

Todo eso que había llegado a mi vida, enfocándome en sentirme bien, dejó de sostenerse. Ya no podía sentirme bien. Sentirme bien era algo que no podía forzar: visualizaba, meditaba, hacía ejercicio, practicaba tapping y miles de técnicas que me causaban cada vez más frustración.

Ni mi esposo me soportó y a dos años de casarnos, nos separamos de la forma más dolorosa y tuve que enfrentar sola todas las emociones que no me había animado a sentir años anteriores.

La verdad es que, aunque había manifestado un montón de cosas materiales, no me estaba permitiendo "ser" Gabriela ilimitada. Era complaciente, demasiado correcta, vivía al servicio de los demás y casi nunca me atrevía a decir lo que realmente pensaba. Me resistía a expresar lo que de verdad sentía. Casi todo el tiempo era una mezcla de desgano y vergüenza. Desgano por el cansancio de sobrevivir cada día para cumplir con las responsabilidades que yo misma había elegido, vergüenza porque creía que debía sentirme satisfecha y no lo lograba.

No me permitía expresarle a nadie todo lo que sentía, ni siquiera a mi pareja, ni tampoco me permitía angustiarme por completo a solas. Era como si me estuvieran encadenando.

No fue hasta que un día, luego de la terrible discusión final con mi compañero, en donde por fin nos mandamos a la mierda, me abrí a soltarlo todo y lloré como nunca había llorado en mi vida. Lloré a los gritos por mi ruptura con él y por todo: por mis fracasos profesionales, por no haber sido honesta conmigo ni con nadie y por todas las veces en mi vida en las que no me había dejado caer al suelo en serio.

Ese día, mi gata, Linda Evangelista, vio en primera persona cómo yo descendía a lo más bajo de mis emociones sin escalas. Me había transformado. Nunca me había angustiado tanto.

Si hay algo que le agradezco a mi gatita es cómo me acompañó y lo paciente que fue al estar conmigo en esa habitación. Tal vez se quedó porque sabía que así como me había visto bajar, también iba a ser testigo de cómo me levantaría, ya que mientras lloraba angustiada, al ver el desastre que estaba haciendo al revolear todo lo que tenía a mi alcance, me acordé de que tenía el tapping.

En medio del desorden, me senté con las piernas cruzadas arriba de la cama y empecé a decir en voz alta todo, absolutamente todo lo que pensaba y sentía, mientras me daba pequeños golpecitos en diferentes partes del cuerpo. Nunca me había dispuesto a expresar la verdad, hasta me sorprendí de toda la basura que tenía escondida.

Continué llorando, y me permití sentirlo todo. Por momentos, bostezaba y me daba cuenta de cómo, poco a poco, las palabras que decía, ya no me generaban el odio que me perturbaba minutos atrás. Cada vez me iba relajando más, hasta que agoté todas las ganas de llorar y sentirme mal. Al soltar esas emociones, por fin sentí paz.

Las condiciones que me rodeaban eran las mismas: estaba separada, mi cuenta de banco mostraba el mismo número, mi cuarto aún era un caos. Sin embargo, algo dentro mío había hecho clic. Me levanté de la cama, fui a la cocina a prepararme un mate y me senté en el porche de la casa mirando a las montañas.

No sabía cómo ni de dónde provenía, pero sentí una claridad y una confianza interna de que todo estaba bien. Que tenía que relajarme y así descubrir que todas esas emociones negativas que había experimentado con tanta fuerza eran parte de mi propia manifestación.

Fue parecido a ese momento de iluminación, años atrás, en el lago Nahuel Huapi de Bariloche, en donde pude apreciar la grandeza de la creación, solo que esta vez, todo se veía mucho más nítido.

Acá me di cuenta de que la energía creadora de todo no era un ser separado de mí, sino que siempre había sido yo. Yo había creado todo: lo lindo y lo feo. Lo que acababa de experimentar era la adrenalina de una montaña rusa emocional, que mi cuerpo había disfrutado enormemente.

La nube de emociones retenidas se había despejado y ahora podía verlo todo claro. El contraste siempre había formado parte de mi existencia y no me permitía experimentarlo por completo. Al estar siempre en el gris del medio, queriendo sentirme bien todo el tiempo y evitando sentirme mal, evadí todas las oportunidades en las que podía soltar lo "negativo", permitiéndome sentir todo eso negativo. Al forzarme a estar bien siempre, o mejor dicho, al resistir sentirme mal, había creado una frecuencia vibratoria en la que me sentía atada en una ansiedad generalizada.

Encima, puesto que antes de este evento mi único foco era "no sentirme mal", no sabía qué era lo que quería para mi vida. Tomaba cursos, hacía coaching, pero cuando me tocaba elegir objetivos, me quedaba en blanco. No se me ocurría nada más que pagar mis cuentas y sobrevivir mes a mes.

Por eso, a partir de ese momento, presté más atención a lo que sentía. Me permití sentir tanto lo lindo como lo feo, y liberar lo tóxico con tapping. Desde esa libertad emocional, conecté nuevamente conmigo y me animé a elegir nuevas metas que mi alma deseaba, ya que no se trataba más de sobrevivir o buscar la paz, y escapar de que pasen cosas malas. Las cosas "buenas" o "malas" iban a seguir siendo parte de la experiencia, solo que ahora, yo era libre de elegir en qué dirección moverme y hacia dónde dirigirme, sin miedo a lo que pudiera acontecer.

Cumplí mi sueño de dedicarme al baile, me animé a compartir online todo sobre tapping y gestión emocional, me abrí a tener conexiones con personas maravillosas. **Comencé a manifestar todo tipo de experiencias, que le agregaron color a una vida que antes percibía en escalas de grises.**

Me di cuenta de que al final siempre manifestaba lo que quería y que no se trataba de tener una cierta cifra en el banco, sino de realmente hacer lo que tenía ganas de hacer: bailar, viajar, comer rico, enamorarme, disfrutar de mis amistades, tomar sol... hacer de mi tiempo lo que yo quisiera, sabiendo que al final, siempre, siempre mis deseos se terminan cumpliendo.

Cada vez que soy clara en lo que quiero, aparece todo lo que necesito: el dinero, los recursos, las coincidencias y las conexiones, que hacen que ese deseo ocurra de manera mágica y perfecta. Y cuando no soy clara, experimento perturbaciones que me estimulan a encontrar esa claridad.

De hecho, hace diez años había deseado escribir un libro y no me animaba a hacerlo porque sentía que no estaba lista y que me faltaban cosas (experiencia, cursos, leer más). En cambio, ahora entiendo que cuando me dirijo hacia la meta sin importar el "cómo", lo que necesito aparece. Y ahora estoy experimentando en primera persona, cómo los conocimientos se aclararon y los sucesos se acomodaron para lanzar este libro que estás leyendo ahora mismo.

Lo que más me emociona de este momento, es que mientras escribo estas páginas, me estoy preparando para un viaje, que también soñé por varios años y que había postergado por creer que no estaba lista. Por fin salí de esa ilusión de espera, descubrí que todo siempre es perfecto y me entusiasma demasiado mostrártelo a ti también.

Así que acá estoy, regresando de compras de ropa para nuevos looks que luciré en cada nuevo destino, emocionada por compartirte todo, absolutamente todo, sobre Catalizarte y transformar tu realidad con EFT Tapping.

La llave de tu libertad.

Siempre me caractericé por ser honesta y directa. No tengo ningún problema en escupir verdades, y si por esto caigo mal, me hago cargo.

Por eso, para que el método de este libro funcione, tienes que asumir la verdad de todas las verdades, y es que: **tú generas toda tu realidad, y cambiarla es tu completa responsabilidad**.

Hacerte cargo de todo, es hackear tu realidad desde la base. Cuando asumes este rol de creadora del todo, tomas el mando inmediatamente. Puede que suene demasiado fuerte, pero esta es la clave para estar un paso adelante y abrirte a tu poder ilimitado.

Si, en cambio, no asumes completa responsabilidad, estás dejando la puerta abierta a que "no puedas" romper ciertos límites, cuando en realidad, es cuestión de que experimentes que sí puedes.

Claro que en la vida hay miles de cuestiones que aparecen, que son totalmente indeseadas y que no podrías haber creado a propósito. Acá no estoy diciendo que hayas generado todo aquello que rechazas por masoquismo, maldad o idiotez. Esto va mucho más allá del porqué existe "lo malo", simplemente te estoy entregando en mano la llave de tu verdadera libertad.

Acá no se trata de quién vive la vida más fácil o difícil, de quién sufre más o quién menos. Todos, tanto tú como yo, experimentamos contraste, todo el tiempo.

Sé que has tenido experiencias de vida muy duras. Sé que te dolieron demasiado. Sé que tal vez hubo momentos en donde has querido terminarlo todo. Sin embargo, no te has rendido y acá estás, dispuesta a manifestar una nueva realidad y cumplir tus deseos, porque sabes que tienes el poder y que lo tienes ahora. Por eso, honro tu experiencia y te ofrezco esta invitación. Asume completa responsabilidad sobre tu experiencia y verás cómo la realidad te obedece.

Me encantaría decirte que en mi vida nunca experimenté pérdidas, maltratos, enfermedad o escasez. Y como ya he estado ahí, lo reafirmo: el momento en el que me hice cargo de mí misma, la realidad se rindió ante mí.

Y es que cuando asumes este nivel de poder, ya dejas de tenerle miedo al miedo. Si tu vida fuera un videojuego, con esto te vuelves la jefa que controla los villanos de todos los niveles. Te vuelves la diseñadora del código de tu algoritmo de vida. Te vuelves consciente de todas esas versiones tuyas que desconocías y te iluminas por completo. Dado que ahora te haces cargo de tu presente, tu pasado y tu futuro se vuelven maleables.

Justo la mañana de escribir este párrafo, mi hermano me entregó un cuaderno que encontró en su departamento, que yo usaba hace unos años, como "diario manifestador". Sentí un poco de vergüenza ajena por mi yo del pasado, al ver que los párrafos estaban escritos desde un lugar carente de poder. Quería dinero para escapar de la escasez. Quería reconocimiento público para escapar de mi inseguridad profesional. No me atrevía a enfrentar la posibilidad de que, haciéndome cargo de eso que evadía lo iba a poder cambiar.

Al hacerte cargo de todo, al convertirte en consciencia, verás que tienes el poder de disolver eso indeseado y abrir paso a todas las posibilidades en las que eso que quieres fluya hacia ti.

En efecto, disolver lo indeseado no significa resistir ni evadir. Disolver es hacerte uno con eso que no quieres y desatarlo desde adentro. Cuando asumes completa responsabilidad sobre toda tu experiencia, te vuelves el antídoto, el caballo de Troya de tus problemas. Sabes que van a aparecer y, en ese momento, lo asumes como tu propia creación, entonces ya no les resistes.

En los próximos capítulos te explicaré paso a paso cómo disolver estas experiencias con tapping, y **la premisa principal es: hacerte 100% responsable de tus emociones y de tu experiencia.**

Sentirte plenamente segura, requiere que atravieses tus peores inseguridades. Que vivas el miedo, que lo pierdas todo, que te mueras de vergüenza. Desde ahí y, sólo desde ahí experimentarás que la seguridad que tanto buscas afuera siempre es tu propia creación interior.

La seguridad que tanto buscas afuera, la experimentas disolviendo lo que te hace sentir insegura. Y ojo, disolver no es resolver. Resolver es solucionar desde afuera. Disolver es hacerte una con esa inseguridad y desarmarla desde adentro.

Si a esto, además le agrego otra capa de hackeo de realidad, sugiero **dejar de preguntar por qué manifiestas lo que manifiestas** y abrirte a la posibilidad de que viniste a este mundo a experimentar ser humana con capacidad de expansión ilimitada.

Ábrete a la oportunidad de que, tal vez, eres tú quien crea experiencias indeseadas para descubrir que tienes la capacidad de disolver cualquier cuestión. No hay otra forma de vivir la experiencia de ser ilimitada, que enfrentar límites y ver que eres capaz de trascenderlos.

Toda esa escasez, toda esa vergüenza, toda esa debilidad, toda esa angustia, forma parte de lo que anhelas. Simplemente, es el otro polo. Sin debilidad, no sabrías lo que es la fortaleza. Sin escasez, no sabrías lo que es la abundancia.

El cambio que tanto quieres es la expansión y la libertad que viniste a experimentar. Y la ilusión más grande es pensar que esa libertad está separada de ti y que solo la obtienes desde afuera. La libertad te la concedes a ti misma, desplegando todo tu poder y trascendiendo tus propios límites.

A partir de ahora, ya estás despierta. Los sueños que decides hacer realidad te indicarán hacia dónde te vas a dirigir para expandir tu experiencia y descubrirte ilimitada en cada una de esas áreas.

Tus emociones manifiestan tu realidad.

Ahora que asumes que eres tú quien crea tus experiencias, seguramente te preguntes "cómo" las manifiestas. Y aunque me encantaría decir que lo que crea realidad es solo tu mente, y que lo único que tienes que hacer es pensar diferente, siento decirte que no. La cosa es mucho más rica que eso.

En principio, manifestar es hacer que aparezca algo en la realidad. La aparición viene de percibir esa realidad. La percepción capta la realidad por medio de los sentidos, que son los medios por los cuales nuestro cuerpo recibe estímulos del entorno y los procesa para interpretarlos.

Puesto que todo el tiempo estamos recibiendo infinidad de estímulos, la interpretación de esos estímulos es filtrada por la consciencia: tu entendimiento de la realidad y tu capacidad de reconocerte en ella. **Lo que es real para ti y quién eres en esta realidad, está basado en tus juicios y en qué es lo que asumes que es real.**

Dado que hay infinitos juicios y estímulos, las posibilidades también son infinitas. Lo que asumes que es confirmado a través de tus sentidos. De este modo, la realidad es real cuando es sentida, tanto por una sensación física como emocional. Las emociones, al igual que las sensaciones, son reacciones fisiológicas que responden a estímulos, solo que con una variedad mucho más amplia que placer, dolor, frío o calor. De ahí que, como seres conscientes e infinitos, además de los sentidos, usaremos las emociones como un filtro de lo que es real en cada una de nuestras vidas.

En resumen: Manifestar es percibir. Ya que el todo es infinito e ilimitado, solo percibes lo que asumes que es verdad. Percibes a través de tus sentidos y emociones. Tus emociones confirman qué es real para ti en tu vida.

Contrario a lo que la mayoría de las personas suele decir sobre las emociones: que no son importantes, que cambian todo el tiempo, que no son de confiar, etc., las emociones te confirman qué es verdad y qué es mentira.

Ponte en esta situación y verás: Cuando estás viendo una película, si está bien hecha, sientes emociones al involucrarte con la historia relatada. Puede que sientas miedo, sorpresa, alegría, tristeza, y una variedad de sensaciones que, una vez que terminas la película, desaparecen. Después de verla ya no sientes emociones sobre ella porque sabes que todo era pura fantasía. Tus emociones te confirman y te muestran que esa historia no es real, porque ya no sientes nada. (Salvo que después elijas empatizar con alguno de los personajes por un rato, pero ahí ves que es tu elección consciente sentir algo).

Diferente es ver un documental, que sabes que es veraz, y te deja perturbada, aunque pase el tiempo. Como sabes que eso supuestamente es verdad, sientes cosas aunque no estés viendo el documental en el momento. Ahí tus emociones te confirman y te hacen ver que esa historia sí es real para ti.

Nada es fijo. Todo está en constante cambio y movimiento.

La creación nunca termina. La creación y manifestación del todo es ilimitada, atemporal e infinita, y siempre está en constante movimiento. Por ende, la realidad siempre se está generando. Y tú, por ser y formar parte del todo, estás creando y manifestando tus experiencias todo el tiempo.

La manifestación no es algo que ocurre cuando por fin aparece algo que antes no veías. Siempre estás haciendo que, desde tu percepción, aparezcan cosas y situaciones que terminas juzgando como algo "real".

Aunque por momentos, parece que estás viviendo lo mismo una y otra vez, solo estás percibiendo menos del 1% del 99% de la infinidad de experiencias que se están moviendo todo el tiempo. Tu cerebro humano no es capaz de procesar la cantidad de estímulos que te hagan entender la magnitud de que todo está sucediendo al mismo tiempo, por eso es necesario que empieces a asumirlo conscientemente, y que dejes de esperar a ver evidencias afuera, para saber que tu realidad siempre está cambiando.

En este preciso momento, aunque tus sentidos no vean cómo, experiencias ilimitadas están ocurriendo. No tienes que ver cambios para saber que hay cambios, porque todo siempre cambia. A partir de ahora, te invito que lo asumas y punto. Todo está en constante movimiento, no necesitas verlo para saberlo.

En todo caso, si las experiencias parecen "limitadas" es porque estás eligiendo poner el foco en ciertas partes del todo, para experimentarlo ricamente, ya que, si quisieras percibir absolutamente todo, sería demasiado abrumador estar presente en cada posibilidad.

Imagínate que están pasando mil películas al mismo tiempo. Sería imposible disfrutar y estar 100% presente con tus sentidos en cada una de ellas. Lo mismo pasa con tu realidad actual y las infinitas posibilidades paralelas. La ilusión de limitación es elegir ver una película a la vez, para vivir esa película al máximo.

Al limitar tus experiencias a una fracción mínima del todo, te estás permitiendo disfrutar de esas experiencias, más allá de que sean "buenas" o "malas", puesto que tu percepción te sirve para apreciar cada película y quién estás siendo en cada escena. Y ese "quien" estás siendo, también es una fracción de la infinidad de posibilidades, porque tú también formas parte del infinito.

Si asumes que todo se está moviendo constantemente, que la realidad es infinita, que tus posibilidades son ilimitadas y que lo que hace que te limites es tu percepción, **a partir de ahora sabes que creas experiencias nuevas abriendo tu percepción.**

Todo está disponible para ti y todo está sucediendo todo al mismo tiempo. Manifestar tus deseos no requiere que cambies afuera porque todo ya está cambiando, inevitablemente.

Lo que pasa es que tu percepción solo ve menos del 1% del todo y si crees que no estás manifestando lo que quieres, es que tus deseos posiblemente estén ocurriendo en ese 99% que no ves. O sea que ni siquiera se trata de cambiar de escenario, todo podría estar delante de tus ojos y no lo ves porque tu percepción aún no está abierta a esas nuevas posibilidades.

Hace unos años viví algo que explica claramente cómo "manifesté" lo que consideraba imposible, sin hacer nada más que abrir mi percepción a las posibilidades en las que sí ocurría mi meta.

Resulta que en ese entonces enseñaba productividad y gestión de tiempo con una app llamada Asana. Tenía el deseo de generar plantillas especiales para mis clientes, que se pudieran instalar con un clic, sin que ellos tuvieran que cargar plantillas manualmente. Para eso, sabía que iba a tener que contratar a un programador que escribiera un código sobre la aplicación.

Sabía que esta posibilidad existía porque en un momento, mientras investigaba cómo hacer plantillas para esta app, encontré una página que vendía plantillas ya creadas en Asana y que era muy fácil de instalar. Justo lo que yo deseaba.

Como en ese momento no tenía el dinero para contratar a un programador y tampoco me había animado a pedir presupuesto porque creía que igual no lo iba a poder pagar, continué haciendo todo manualmente por varias semanas.

Hasta que en un momento me cansé y me cuestioné **¿qué me gustaría para mis creaciones más allá del dinero?**, y recordé esa página con plantillas instalables. Como estaba dispuesta a manifestar lo que fuera para cumplir esa meta, me contacté con el programador de esa web para preguntarle si podía hacer algo similar para mí. Pedí presupuesto y más allá del monto, me abrí a que sucediera de la mejor forma. Al mismo tiempo, disolví lo que estaba evadiendo y me animé a sentir el miedo de pedir presupuesto de algo que tal vez no iba a poder pagar.

Y lo que ocurrió a partir de ahora es de no creer. Cuando entré a la web buscando el contacto del dueño, vi que arriba de todo había una pestaña que decía "Vende tus propias plantillas de Asana", cuando le hice clic y empecé a leer la página, se me cayó la mandíbula al ver que el programador se disponía a crear el código para las plantillas solo a cambio de una comisión de venta de esas plantillas en su web. No solo la comisión era mínima, sino que armar ese código de entrada era gratis. ¡Mi deseo de tener plantillas instalables en un clic era posible y no me costaba dinero! Sin embargo, como mi percepción solo estaba alrededor de que "todo cuesta dinero", no vi la posibilidad de que sucediera más allá del dinero.

O sea que estuve un montón de tiempo sin ese deseo cumplido, porque mis ojos literalmente no vieron esa posibilidad la primera vez que entré a su web, por estar convencida de antemano de que no iba a poder pagarlo. Y no, no estaba distraída, mis ojos de verdad no lo vieron. De los miles de estímulos que eran visibles en mi pantalla, mis ojos captaron otra cosa. Si justamente estaba investigando algo que quería, debería haberlo visto, pero no lo vi.

Como estaba cerrada a la posibilidad de que se me podía dar ese deseo, mis ojos la pasaron por alto. Mi vista recién la detectó el día en el que decidí que quería eso y que estaba dispuesta a lo que fuera con tal de que se cumpliera. Estar dispuesta, abrió mi percepción a esa posibilidad, que una vez concretada, fue un logro genial para el curso que estaba dando en ese momento.

Al igual que esa vez, así fue como luego manifesté un montón de cosas en mi vida, incluyendo dinero, relaciones y muchas otras que consideraría pura suerte. Simplemente dejando de enfocarme en el cómo y abriendo la percepción a todas las posibilidades en las que sí se cumple eso que deseo, es que las vías siempre aparecieron. Y habitualmente aparecen sin que tenga que hacer nada. Las veces en las que hice cosas previas a la manifestación, fueron acciones que hice porque tuve ganas. Nunca fueron acciones forzadas ni pensadas desde la expectativa, sino fluidas y completamente intuitivas.

Del mismo modo, en tu vida, también estás navegando una infinidad de posibilidades en las que tus deseos están ocurriendo, solo que estás percibiendo lo que tú consideras que es verdad.

Es más, tus deseos definitivamente están ocurriendo en la infinidad conectada con tu experiencia actual, porque si no, no conectarías con esos deseos. De la infinita cantidad de deseos que puedas tener, el hecho de tenerlo te indica que son posibles de manifestar, porque tu percepción ya se abrió a esas posibilidades.

Es todo cuestión de percepción. Todo. Nada es fijo, aunque lo parezca. De todas formas, a partir de esta nueva información, ya vas a dejar de percibir las cosas como si fueran fijas y verás lo fluido que es el universo.

Tus emociones confirman lo que es real para ti.

Ahora, volviendo al concepto de que el todo es ilimitado y que hay infinitas posibilidades para ti en esta existencia, tus emociones son las que van a hacer match con la realidad que asumes que corresponde a tu vida. Confirmas lo que es real para ti, a través de tus emociones.

Por ejemplo, si estás en una fiesta familiar y un tío empieza a hacer chistes sobre tu persona, diciendo que eres una solterona y un fracaso en el amor, sólo porque en ese momento no tienes pareja, la emoción que sientas en ese preciso instante te va a mostrar si estás de acuerdo o no con esa burla.

Si sientes enojo, vergüenza, tristeza, ira, o cualquier molestia, estás confirmando que crees que lo que dijo tu pariente es verdad (aunque no quieras admitirlo, igual lo sientes como real).

Si, en cambio, no sientes nada o hasta te acoplas al chiste por diversión, tu emoción te está mostrando que lo que dijo tu tío es mentira y que, diga lo que diga, no te afecta porque su relato es pura fantasía y te causa gracia su interpretación chistosa y exagerada.

Esto me pasaba, particularmente, en un momento en el que yo no me creía valiosa por no haber terminado la universidad. Mientras la mayoría de mis primos estudiaron carreras consideradas serias, yo no conectaba con ninguna y me atreví a dejar de perder el tiempo en la facultad y dedicarme a cosas que me gustaban. Si bien lo hacía por mis metas y no por perezosa, no estaba totalmente convencida de mi valor por no tener título universitario. Y aunque el pensamiento de no tener valor era mentira, para mí era verdad, puesto que mis emociones me lo confirmaban cada vez que interactuaba con ciertos familiares.

Una vez, en una cena familiar en la casa de mi abuela, surgió el tema de viajar a Japón con una beca para profesionales. Ya que soy descendiente de japoneses, hasta cierta edad puedo postular para viajar becada y vivir en Japón estudiando el idioma. Para aplicar, había que ser profesional en algo, no importaba en qué, pero se requería estar haciendo algo para agregar valor al intercambio de la beca.

Si bien para ese tiempo ya había generado varios logros con mis marcas digitales, desde tener meses de ingresos que superaban el sueldo de un gerente, gestionar múltiples clientes en todo el mundo, viajaba dando charlas y talleres de varios temas, y además de colaborar con empresarias más importantes que yo, la "falta" de título era algo que me hacía sentir inferior.

Fue entonces que, en un momento de la charla, un tío me dice: "Pero Gaby… tú no puedes postularte para esa beca porque no eres *profesional*, o ¿sí?" Y si bien podía ser que un requisito fuera tener título universitario, tranquilamente podría haberme postulado como empresaria autónoma, más allá de quedar o no. La cuestión fue que esa pregunta me molestó demasiado porque interpreté que ser profesional era ser valiosa y al sentirme mal, estaba validando la idea de que no lo era, al menos no lo suficiente como para viajar con mi talento.

Lo curioso era que, me había olvidado de que ya había viajado en dos oportunidades, gracias a mi marca personal y, por lo tanto, esa idea de no ser valiosa podía ser mentira. Pero el hecho de que me sintiera tan mal con el comentario de mi tío, me estaba indicando mucho más que una simple diferencia en la interpretación de la palabra "profesional".

Al margen de que esa vez no me postulé porque igual tenía otro viaje pactado, el dolor que aparecía cada vez que mi tío me cuestionaba mi trabajo, me estuvo mostrando por años, que yo no estaba creyendo en mi valor como emprendedora y que esa falta de valor, para mí, era real. Que no importaba cuánto dinero hacía, cuántos logros tenía, cuán flexibles eran mis horarios, si no tenía título era igual que nada. Me pasé años sintiendo vergüenza por esta estupidez.

Por el contrario, si la idea de "si no tengo título, no tengo valor ni soy profesional" para mí hubiese sido mentira, no habría sentido absolutamente nada frente a la pregunta. Ni siquiera me acordaría de la secuencia. Pero como para mí esa idea era real, usé la pregunta neutral de mi tío, para confirmar esa realidad sintiéndome mal, limitándome en mis emprendimientos por aquellos años.

Hoy en día, a pesar de no tener título universitario, me permito posicionarme y escribir este libro, valorando y apreciando mi deseo de ser una escritora "profesional" aunque no haya estudiado la carrera de letras. Salté a esta nueva realidad, gracias a que solté el relato viejo y que ya no siento nada cuando cuestionan mi valor en relación con los títulos universitarios. Dejé de manifestar la vieja realidad, dejando de sentirla.

Por lo tanto, la cuestión con manifestar una nueva realidad no tiene que ver con forzar sentir las emociones de las supuestas realidades deseadas e ignorar las que no te convienen, porque no funcionan así. Las emociones son energía en movimiento que, si se resisten, vuelven. La clave está en disolver estas emociones, ingresando en ellas y desarmándolas desde adentro.

Si estás viviendo una película que no te conviene, y para ti es real porque la estás creyendo y sintiendo, la vas a dejar de sentir, sintiéndola primero. Sería como "disfrutar" la película y verla completa, para que, luego, no te den ganas de volver a mirarla porque te quedaron dudas (salvo que elijas volver a vivirla).

Ahora, yo sé que esta idea de ingresar en tus emociones y mirar la película completa da miedo, porque pareciera que vas a multiplicar eso que no quieres. Sin embargo, sentir tus emociones no requiere que pase algo concreto en el exterior, porque al igual que cuando miras una película, puedes sentirla solo con un ratito de fantasía, y nada más. Ingresar en una emoción, intencionalmente para disolverla, es una práctica emocional, que no va a generar repercusiones externas porque rompes su efecto antes de que se perpetúe.

Por eso, a partir de ahora, cuando quieras manifestar algo nuevo, a lo que más atención le debes prestar es a tus emociones, ya que moviéndote dentro de ellas, y atravesándolas, es que las vas a poder trascender.

Tu percepción afecta todo, incluyendo dinero y personas.

A propósito de los elementos que tanto consideramos en nuestra existencia, aquellos en los que normalmente ponemos el foco al elegir metas, también responden a los conceptos anteriores de percepción en infinitas posibilidades.

Ya que esto puede sonar muy aleatorio, veamos uno por uno:

La ilusión del tiempo.

El tiempo lineal (pasado - presente - futuro) es una ilusión, puesto que todo es ahora. Así como la infinidad de posibilidades está ocurriendo al mismo tiempo, todo, a su vez, ocurre ahora.

Todo cambia en cualquier momento porque todo está en constante movimiento. Hasta tú sabes que cuando algo cambia, sucede siempre en el ahora. Suena a chiste, pero cuando algo cambia, lo hace en el momento.

La realidad no cambia porque pasó el tiempo. No tiene sentido pensar en el tiempo como causa de los cambios, ya que la experiencia, de por sí, siempre está cambiando.

Así ves que el tiempo, también es una ilusión percibida desde tu propio juicio. Es más, en física cuántica, el tiempo por sí solo no existe. El tiempo solamente puede existir en relación con la materia. Y como la materia es una fracción del todo que la mente elige percibir u observar, entonces el tiempo, existe en relación con eso que eliges observar.

Más allá de que uses el tiempo para expresar lo que percibes acerca de la duración de algo, o en lugar de usarlo como referencia para encontrarte con otros en cierta hora y fecha, pensar en el tiempo como algo fundamental de la vida es imposible porque por sí solo no existe.

Sabiendo esto, entenderemos que el pasado y el futuro tampoco existen, y lo que percibimos acerca de esos tiempos también es una ilusión.

Siéntete en tu cuerpo ahora mismo, sin juicio, y verás que tus cinco sentidos solo pueden capturar plenamente lo que estás viviendo ahora.

Por lo tanto, cuando elijas observar el pasado, lo que ves es una película imaginaria, que ya has experimentado en carne propia. Lo has generado a partir de lo que decidiste capturar y percibir en momentos anteriores.

Con el futuro pasa algo similar, solo que es una película imaginaria que proyectas en tu mente vinculándola con tu momento actual (presente), y momentos que elegiste observar previamente (pasado). Es la conexión que funciona como un relato que une los momentos previos, con los próximos, aunque no necesariamente tengan que estar vinculados. La vinculación es creada por ti.

En todo caso, el "paso" del tiempo que percibes es que hay una consecución de momentos y parece que uno viene antes y después que otro, y que están relacionados.

La conexión entre un momento y otro ayuda a tu mente a que tenga un hilo conductor que les dé sentido a las cosas, ya que el porqué y el para qué las genera responde siempre a una historia. Esa historia es como un pegamento que une cada pieza solo para que tu mente se sienta segura dentro de una estructura, debido a que la forma en la que entendemos el funcionamiento del todo es a través de historias.

Las historias, para que sean historias, necesitan un orden en tiempo, es decir, un orden cronológico, dado que así, generamos el famoso causa-efecto o "si y entonces". Es como que cada historia es una línea de código dentro del algoritmo mental que nos ayuda a interpretar y experimentar la realidad más cómodamente.

Entonces, si el tiempo lineal no existe, no nos limita ni dirige. El tiempo existe sólo en relación con la materia, y la materia aparece según lo que elegimos observar con la mente, así que a partir de ahora el tiempo lo eliges tú también.

Esto es clave: sabiendo esto, ya puedes elegir el pasado y el futuro, de manera que sean convenientes para tu momento actual (presente) y próximos momentos.

También puedes aprovechar la percepción que ya tienes del tiempo y elegir cuándo quieres que ocurra eso que quieres manifestar, eligiendo tu meta y abriendo tu percepción a esa meta cumplida en el tiempo elegido. Este desafío de elegir el tiempo suena vertiginoso, lo sé, por eso, vas a tener que abrirte a sentir ese vértigo. Como siempre, eres libre de elegir.

Una manera en la que a mí me gusta ver el tiempo de forma conveniente es esta:

Yo determino mi futuro. Elijo mi meta cumplida, asumo que mi pasado fue conveniente para cumplir esa meta. Mi presente es una consecuencia de mi meta ya cumplida en el futuro.

Ya que todo está cambiando constantemente, y que todo puede cambiar en cualquier momento, ni mi presente ni mi futuro están condicionados por mi pasado. Y dado que lo que manifiesta mis experiencias en mi realidad es mi percepción, abro mi percepción a un futuro en donde ya ocurrió mi meta. De esta manera percibo mi presente como consecuencia de mi futuro deseado, sabiendo que todo lo que aparece es acorde a este nuevo juicio.

Lo que te acabo de comentar de mi manera de ver el tiempo, es mi manera. Te lo comparto para que veas que al ser una ilusión, se puede moldear. Verás que esto ocurre con todo.

La ilusión de separación con el dinero y con las personas.

A diferencia del tiempo, el dinero y las personas obviamente existen y ya están creadas. Lo que manifiestas son tus experiencias con el dinero y las personas. Todas estas experiencias, al igual que tú, están en constante movimiento y sólo percibes una ínfima fracción del todo.

La gran ilusión que tienes, en todo caso, es asumir que estas manifestaciones están separadas de ti y que lo que ves es fijo. Pero dado que manifestar es percibir algo, y que tu percepción sólo capta tus juicios, es decir eso que asumes que es verdad, entonces descubres que manifestar estas cosas (dinero y/o personas), es igual de maleable que cambiar el tiempo.

Asimismo, la película que estás viviendo como real en este momento, en relación con dinero y personas, es la película que estás asumiendo que es verdad, y la estás manifestando a través del filtro de tus emociones.

Acá entramos a otro nivel de hackeo, **al asumir que lo que ves ahora no es real o fijo, te das cuenta de que es una percepción que has creado en un momento anterior**. Recuerda que todo puede cambiar en cualquier momento, porque todo siempre se está moviendo.

Y de nuevo, al hacerte cargo de las experiencias que estás manifestando, te abres a todas las posibilidades en las que todo se alinea a tu favor y, en este nivel de responsabilidad, te das la oportunidad de disolver lo indeseado.

Cuando asumes completa responsabilidad, te vuelves el centro y, cualquier percepción externa deja de condicionarte, ya sea una cifra de dinero en el banco o tu relación con otras personas.

En cuanto permites que los factores externos te condicionen, cedes tu poder. Pero cuando te haces cargo, te abres a percibir tu meta cumplida, sabiendo que hay infinidad de posibilidades en las que sí ocurre, y por ende, todo lo que necesitas para lograrla, incluyendo dinero y relaciones, aparece.

Con todo esto, en relación con el dinero, verás que manifestarlo nunca tiene que ver con el dinero. Tú no tienes una relación con el dinero porque el dinero por sí solo es neutral y no tiene energía. El dinero tiene valor en relación con algo, al igual que el tiempo.

Acá la clave es darte cuenta de que, en realidad, lo que quieres manifestar es la libertad de elegir las experiencias que quieres vivir, y crees que el dinero es lo único que te lo permite, cuando en realidad no es así. Quien te lo permite eres tú. El asunto sería cuán libre te atreves a ser en toda tu experiencia y abrirte a ese rango de posibilidades.

Quítale el foco al dinero, sé clara en la experiencia que quieras vivir, y verás que el dinero y los recursos para vivir esa experiencia aparecen.

Tener dinero o no tenerlo no es lo importante. Lo que en el fondo deseas, al fijar tu meta en el dinero, es la sensación de seguridad, libertad y la ilusión del supuesto control que te da tener dinero. Lo que no te das cuenta es que al cederle el control al dinero, quien controla tu vida, no eres tú, sino el dinero. La sensación de libertad que tanto buscabas en el dinero nunca aparece, porque al condicionarte con el dinero nunca eres libre.

Y sí, claro que puedes manifestar ser rica y tener abundancia económica, y de hecho esas posibilidades ya existen. La cuestión es asumir y darte cuenta de que vas a manifestar libertad y riqueza en todo sentido, no solo en billetes. Ábrete a sentir esa libertad en serio y verás cómo aparece el dinero.

Por ejemplo, una amiga hace poco me comentó que su deseo era ser bailarina, pero que no se lo permite porque tiene deudas. Lo loco es que ser bailarina no tiene nada que ver con dinero, y, sin embargo, ella estaba manifestando esa imposibilidad. Claro que podría estar asumiendo que para ser bailarina hay que tomar clases en algún instituto pago, cerrando así todas las vías en donde podría bailar desde ahora, que supuestamente no tiene dinero.

En mi experiencia como bailarina, cuando me fijé ese objetivo tampoco tenía el dinero. De todas formas, tomé la decisión de hacerlo. Por un lado, empecé a entrenar con bailarines en la calle, y además, decidí anotarme a un estudio de danza, sin saber cómo iba a pagar la cuota. Como vivía en el campo, a eso había que sumarle los viáticos y el hospedaje en la ciudad para los días en los que terminaba tarde. Por supuesto que me generaba mucho estrés mi situación económica y era algo que parecía detenerme a mí también.

De cualquier manera, al avanzar igual hacia mi meta y hacerme cargo, sentí todas las emociones que me generaba prestar atención a la falta de dinero. Sentí a flor de piel todo el miedo y la ansiedad. Con el tapping que te enseñaré más adelante, disolví y me liberé de esas sensaciones, y pude continuar dando pasos firmes hacia mi meta. Me abrí nuevas posibilidades y apareció dinero para pagar todos los gastos para la academia, y aparecieron las personas con quienes bailar, hasta oportunidades de baile pagas.

Mi meta nunca había sido manifestar dinero bailando, no obstante, el dinero apareció porque no le quedaba otra alternativa que aparecer, puesto que ya estaba manifestando que era bailarina. Y si ser bailarina requería dinero, ese dinero tenía que aparecer sí o sí, no porque el dinero fuera importante, sino porque era parte de esa realidad con la meta cumplida.

Si bien obtuve ganancia económica, también obtuve mucha riqueza en cumplir mi deseo de bailar, que contra todo pronóstico, a mi edad y con mi experiencia, inicialmente era imposible. Manifesté lo que quería, incluyendo dinero, al vivir la experiencia del deseo cumplido.

Ahora, en cuanto a manifestar personas, sucede lo mismo que con el dinero, solo que con el supuesto libre albedrío, tienes la ilusión de que tus juicios no influyen para nada en tus relaciones. Aun así, al formar parte de tu experiencia, percibes que cada conexión confirma eso que asumes que es verdad, tanto lo que es verdad sobre quién eres, y sobre quién es el otro. Así y al revés.

Ya que todo es energía en movimiento y la otra persona es igual de libre que tú, terminan coincidiendo como un espejo. En efecto, la magia del espejo es que quien es consciente de que está frente a uno, dirige el movimiento que ya existe. Esto, para nada le quitaría libre albedrío al reflejo, sino que, dentro de su libertad, coincide en la percepción. Si no, directamente, no estaría en el espejo y no formaría parte de la experiencia.

Te pongo otro ejemplo. Cuando era adolescente, tenía un crush en la iglesia. Es decir, había un chico que me fascinaba, y aun sin conocerlo en profundidad, me gustaba demasiado. Él no me demostraba, de ninguna manera, que me correspondiera, pero yo igual asumía que había algo. No necesitaba evidencia para saberlo. La cosa era que no teníamos las mismas metas, entonces en el fondo no me convenía. Igual, eso no impedía que me guste.

Así fueron pasando los meses y poco a poco nos fuimos alejando. Luego, cada dos o tres años, entre encuentros y desencuentros, cuando coincidimos, él o yo estábamos de novios con otra persona. Verlo, cada vez, era revivir las conversaciones que tenía con mis amigas, en donde fantaseaba sobre mi amor con él. Experimentar la falta de correspondencia de cada momento era incómodo, pero mi asunción seguía firme. Entre nosotros había algo.

Hasta que un día, diez años después de haberlo conocido, nos cruzamos en la calle de casualidad. En ese momento él estaba casi soltero y yo también. Casi solteros, porque andábamos con alguien, pero no era concreto. Fuimos a tomar un café y nos actualizamos sobre nuestras vidas. Las miradas se sentían vibrantes, pero las palabras seguían igual de amistosas como lo habían sido años atrás. Como se hizo tarde, intercambiamos teléfonos, nos despedimos con un abrazo inolvidable en la parada de bus y emprendí el regreso a mi casa. Esa noche me llama y me confiesa lo que siempre supe. Él también gustó de mí desde chico y nunca daba el paso porque sentía que no me convenía.

Podría haber dado rienda suelta a esa conexión porque el gustarnos era correspondido. Todo lo que yo asumía de él, fue devuelto por su espejo. Incluso, la justificación de que no me convenía. Luego de eso, mi intuición me llamó a terminar esa relación y seguir otro camino a pesar de todo lo que se había manifestado.

Esto demuestra que tanto las experiencias con el dinero y la relación con otras personas las manifestamos mediante nuestra percepción. Y la percepción solo se abre a eso que asumimos que es verdad, según nuestros juicios. Como todo está en constante movimiento, es posible cambiar nuestros juicios en cualquier momento. Lo que consideras fijo e imposible de cambiar está en movimiento y tienes la libertad de asumir algo diferente según tu deseo.

Por qué manifiestas lo indeseado (y con tanta frecuencia)

Ahora bien… Supongo que sientes que todo lo que te expliqué hasta ahora tiene sentido y hasta te resulta muy familiar, y aún así, probablemente te preguntes, ¿cómo es que en tu sano juicio, igual sigues manifestando tantas cosas indeseadas, aún cuando eres consciente de tus juicios? ¿Cuántas veces has intentado cambiar tus creencias y pensamientos sobre tu realidad y todavía sigues manifestando lo contrario?

Te pido disculpas de antemano por el cachetazo que te voy a dar:

La razón por la cual sigues manifestando lo que no quieres, es porque estás disfrutando el estímulo emocional que te produce la percepción de eso indeseado.

Así como te gusta ver películas en las que "sufres" con el protagonista sabiendo que es fantasía y que al final todo se resuelve, del mismo modo que disfrutas tus propios dramas.

Ojo, no estoy diciendo que te guste ni que quieras sufrir. Estoy diciendo que tu cuerpo está disfrutando ese estímulo emocional que aparece como perturbación y es un entretenimiento completamente irracional. No hay una razón lógica para querer sentirte mal; sin embargo, al ser energía en movimiento vives a través de tus emociones. La perturbación que sientes, como el miedo, la ansiedad, la frustración, o cualquier emoción que rechazas, al cuerpo le da sensación de estar vivo.

Claro que preferirías sentirte viva con otro tipo de emociones, como el entusiasmo y la alegría. Y obviamente que, por sobre todo, preferirías la paz (y qué curioso es saber que cuando alguien se muere le decimos que descanse en paz, ¿cierto?).

La cuestión es que aquí, no hay distinción entre bueno o malo. No hay lindo o feo. Cuando se trata de emociones todo es energía en movimiento. La diferencia fundamental está en que hay emociones que permites y hay otras que resistes.

¿Nunca te preguntaste por qué la alegría parece que viene y se va tan rápido? Resulta que la alegría es más efímera porque te abres a sentirla completamente y no la resistes. Lo que ocurre casi siempre con las emociones que llamamos negativas, es que las resistes. Y al resistirlas haces que persistan.

Por ejemplo: al no querer sentir ansiedad y forzar sentir lo contrario, no la liberas de raíz y es como si la escondieras debajo de la cama. Sabes que está ahí, por eso, aunque intentes ignorarla, no puedes. La ansiedad sigue latente en tu existencia y, al ser energía en movimiento, como cualquier otra emoción, hace que tu percepción solo juzgue como real lo que haga match con esa vibración. Así es como siguen apareciendo situaciones que parece que te generan más ansiedad.

Si, en cambio, en lugar de resistir la ansiedad la atraviesas, al igual que como atraviesas la alegría, esa ansiedad se disipará enseguida.

¿Recuerdas que casi al principio te mencionaba que para desaparecer una situación la tenías que disolver? Al permitirte sentir esa emoción negativa, te haces una con esa emoción y la desarmas desde adentro. Cuando te abres a sentir esa emoción por completo, esa emoción deja de tener poder sobre ti.

Hacerte responsable de toda tu existencia, te invita a que te abras a asumir que eres capaz de sentirlo todo. Y que también admitas que, por momentos, manifiestas situaciones que te perturban porque disfrutas ese estímulo emocional.

Esta llave, por lo tanto, está en dejar de juzgar si lo que aparece es bueno o malo. Asumes que te corresponde a nivel emocional y que liberarte requiere que dejes de resistirla.

Algo similar pasa cuando te cuestionas por qué te resulta tan difícil dejar ingresar una realidad, muy diferente a la actual, en donde aparecen esos deseos cumplidos que juzgas como "grandes".

Dar ese salto genera sensación de vértigo, que tal vez es mucho más incómodo que la ansiedad de todos los días. Cuando más arriba te mencionaba que, cuando te atreves a elegir el tiempo de una meta y te comprometes en serio a ese cambio, suele pasar que te llenas de adrenalina porque te abres a un cambio brutal. Lo que produce vértigo es la sensación del cambio, mas no la experiencia del deseo cumplido. Vivir en la frecuencia de tu deseo cumplido se siente normal y cotidiano. La ilusión del salto es lo vertiginoso.

Aquí tienes que abrirte a la posibilidad de que tal vez estás eligiendo vivir en esta resistencia constante de malestar, de sentir miedo y ansiedad todos los días, porque es familiar y de alguna forma, es más cómodo.

Tal vez es más cómodo vivir sintiendo la ansiedad de tus deudas, que abrirte a recibir mucho dinero de golpe, haciendo lo que te gusta y siendo vista. Tal vez sea más cómodo estar en una relación sin etiquetas que te hace sentir celosa; que abrirte a otra persona que te acepte, por completo, que te ame con una vulnerabilidad que nunca habías experimentado.

Tanto como para lo "bueno" como para lo "malo", hay emociones que resistes porque se sienten demasiado incómodas. Lo curioso es que lo cómodo, aunque se sienta "bien", no es lo que va a generar cambios. Si quieres cambios, tienes que abrirte a sentirlo todo. Sintiéndolo todo, es que vas a soltar las resistencias y liberarás esas emociones que tanto venías persistiendo. Y lo mejor, y tal vez lo más deseado, es que cuando te relajas y vives sin resistencias, abres paso a que ingrese a tu percepción todo eso que es acorde a tu meta. Ya no te fuerzas a hacer que las cosas pasen, sino que te abres a que esas experiencias ingresen en tu existencia, gracias a que dejas caer las paredes de resistencias que no permitían su paso.

Acá es en donde, finalmente, ingresa la herramienta del tapping. Ya que, si bien eres capaz de sentir todas las emociones, así como estás ahora, te resistes a sentir las más incómodas porque es muy desagradable.

El tapping te ayuda a atravesar estas sensaciones y que lo desagradable se disipe más rápido. Todo ese miedo, esa ansiedad, ese vértigo, los vas a sentir igual, solo que van a pasar más fácil.

Atreverte a sentirlo todo y liberar estas emociones que tanto venías resistiendo, significa que por fin vas a cambiar los relatos que vienes asumiendo como reales porque las vas a dejar de sentir como reales.

¿Te acuerdas de que lo que hace real algo son las emociones? Bienvenida a un nuevo estilo de manifestación. Ahora vas a poder diseñar una nueva realidad eligiendo qué es real y qué es mentira para tu existencia, gestionando tus emociones por completo.

La clave es relajarte y hacer lo que se te da la gana.

Para resumir esta primera sección previa al método con Tapping, lo que debes tener presente a partir de ahora es que la clave para abrir paso a lo que deseas es relajarte. Que lo que te molesta tanto, ya no te perturbe. Todo está fluyendo de manera perfecta y tus deseos te corresponden. Si creas obstáculos con resistencias es porque te entretienen emocionalmente.

Lo que manifiesta esos deseos es que abras tu percepción a todas esas posibilidades y que dejes de distraerte tanto con lo indeseado. Para abrir la percepción solo te tienes que relajar. Esto hará que dejes de darle emoción a lo que no quieres y así pierda realidad. Relajarte también es abrirte a sentirlo todo, sin juicio.

Cuando te relajas te ubicas en un punto neutral para manifestar lo nuevo. Y como sabes que eso que quieres está en infinitas posibilidades ya disponibles desde tu presente, en lugar de esperar, disfrutas el momento. Haces lo que se te da la gana y te abres a lo aleatorio, ya que nunca sabes cómo puede aparecer tu meta. Como sabes que te corresponde y las posibilidades ya existen, comienzas a vivir tu vida sin expectativas, y tarde o temprano la realidad te termina dando lo que querías.

Así es como se los resumo a mis amigas:

Para manifestar lo que quieres, la clave es que todo te importe cero. Que te importen cero las condiciones que ves ahora. Que ni siquiera te moleste eso que quieres manifestar. A ti todo te da igual porque vives relajada y sueltas el control. Vives abierta a que todo se manifieste de la mejor manera posible. Tu única tarea es elegir qué quieres experimentar, asumir lo que te conviene y relajarte. Cuando te relajas, el "cómo" se resuelve solo. Si no puedes relajarte, ¡haz tapping! Haz lo que se te dé la gana y te sorprenderás de la magia de la manifestación, ya que sin saber cómo ni dónde, eso que querías siempre termina apareciendo.

Relájate en tu libertad con EFT Tapping

Por qué me gusta tanto el tapping

Antes de explicarte todo sobre el tapping, quiero compartirte qué es lo que más me gusta y me divierte sobre esta herramienta, porque seguro que después de que lo apliques, vamos a coincidir.

Que, ya que estamos, te aclaro que el tapping es una herramienta y quien manifiesta siempre eres tú, con o sin tapping.

Si, por ejemplo, quisieras cortar un pan al medio, el tapping sería un cuchillo serrucho bien afilado que elegís usar en el momento. Te sirve para cortar más fácil y sin fuerza, sabiendo que igual si quisieras dividir el pan con tus manos, lo podrías hacer tranquilamente.

Entonces, el tapping es esa herramienta que te permite atravesar cuestiones que de otra forma te costarían más. No es que no las puedes atravesar sin tapping, las pasarías igual, pero acá elegís un camino más llevadero.

Lo que más me gusta del tapping como herramienta de liberación emocional es que:

Es muy fácil de usar. Una vez que lo aprendes, ya está. Lo usas cuando quieras. Ya hay varias escuelas en el mundo en las que enseñan esta técnica a niños para que aprendan a gestionar sus emociones desde temprana edad.

Con aprenderte los puntos básicos y expresar honestamente qué es lo que estás pensando, el tapping se vuelve orgánico.

Es tan fácil, que va a haber momentos en donde intencionalmente elijas no hacer tapping porque crees que al ser tan fácil lo puedes saltear. Pero no, que sea fácil no significa que no lo tengas que usar.

Admito que nos encanta lo difícil, porque de alguna forma, pensamos que al ejecutar algo difícil es más efectivo. En este caso, esa es una mentira de tantas que elegimos creer para limitarnos.

Por eso, te comento que el tapping es fácil, no para que lo dejes ahí tirado, sino para que no te hagas la idiota cuando llegue el momento de usarlo. Hasta me atrevo a decir que no hacer tapping, cuando sabes hacer tapping, es una forma muy sutil de auto sabotaje.

No necesitas creer que funciona para que funcione. Cabe aclarar que no estoy escribiendo este capítulo para convencerte de algo, porque la verdad es que, aunque no me creas nada de lo que digo, si lo aplicas te va a funcionar.

Si tienes que convencerte de algo, sería de que esas metas que tienes te corresponden y que cumplirlas depende 100% de ti. Si el tapping que uses funciona o no, ni te molestes en preguntar, funciona y punto.

Lo puedes usar en cualquier momento. Ya sea que incluyas el tapping en tu rutina de noche o de mañana, o tengas que gestionar tu ansiedad mientras manejas tu auto, el tapping siempre está a tu alcance. Siempre lo tendrás para conectar con tu ser interior y con la paz de que todo está fluyendo a tu favor. Lo único que necesitas para hacer tapping es tu cuerpo, así que en cualquier momento lo podrás hacer.

No hay manera de que salga mal. Lo mágico del tapping es que así cómo puedes usarlo para temas muy serios que involucran emociones fuertes, no hay forma de que la "cagues" o de que te perjudique. Tal vez, si cortas una ronda de tapping antes de tiempo, sientas más ansiedad que calma, pero más que eso no va a pasar. En ese caso, la solución es seguir haciendo tapping y listo.

Nunca vas a atraer algo "malo" con tapping. Lo digo especialmente para esas personas que tienen un poco de miedo cuando digo cosas "negativas" al realizar esta práctica. Ya que usas tapping para liberarte de cuestiones incómodas, expresar lo incómodo es necesario para soltarlo en serio.

Funciona rápido. Al margen de la duración que puede tener una sesión de tapping, que puede ser entre 5 minutos hasta un par de horas, luego de realizar la práctica ves los resultados.

Al cambiar tu percepción sobre la realidad, es decir, tu emoción apegada a tu asunción, ya estás lista para crear una nueva, no importa el tiempo que hayas tardado en darte cuenta de eso.

A veces pensamos que venimos repitiendo un patrón tanto tiempo, que traemos esa ilusión al cálculo de un posible resultado, cuando ya sabemos que en relación con el tiempo, todo es relativo. El tapping funciona rápido y punto.

Qué es EFT Tapping y cómo funciona.

EFT Tapping es una técnica de liberación emocional que consiste en dar pequeños golpeteos en diferentes partes del cuerpo para relajarse.

EFT corresponde a la sigla Emotional Freedom Techinque, que en español se traduce como técnica de liberación emocional.

Se utiliza para liberar emociones como el miedo, la ansiedad, la angustia y cualquier emoción que el cuerpo siente a causa del cortisol, la famosa hormona del estrés.

El cortisol es liberado por el sistema nervioso simpático, encargado de preparar el cuerpo para la supervivencia y agudizar los sentidos para actuar rápidamente en momentos de peligro, ya sea para pelear o escapar.

En momentos de peligro real, esto nos salvaría la vida. Sin embargo, en la vida cotidiana, no hay riesgos contundentes de que un león nos esté acechando para devorarnos. El cortisol igual nos cierra a sentir una ansiedad que no nos permite estar abiertos a recibir lo que queremos, ya que, suele activarse "por las dudas" o ante la mínima percepción de riesgo.

Al hacer tapping y dar estos golpecitos se envía una señal al sistema nervioso parasimpático, encargado de la relajación, para disminuir la producción de cortisol y así permitir que el cuerpo, que antes se encontraba en modo supervivencia, se relaje.

Si bien la función del sistema nervioso simpático es vital y necesaria para el ser humano, cuando nos centramos en manifestar deseos, este sistema no hace más que sabotearnos al infundir miedo en situaciones en donde no hay ningún riesgo fatal.

Por esto, es que sentimos miedo y ansiedad al pensar en nuestros problemas. No necesariamente estamos viviendo el peor de los escenarios, sino que con sólo imaginarlo, este sistema se activa.

Puede que en la mayoría de las ocasiones existan riesgos que consideraríamos importantes, como por ejemplo: miedo a fallar en un examen, miedo a que nos rechace la persona que nos gusta, miedo a hacer el ridículo, miedo a quedarnos sin dinero, etc. Son miedos válidos, y hacen que el cuerpo entre en modo supervivencia como si estuviésemos frente a una amenaza de vida o muerte. Nos os deshabilita la posibilidad de relajarnos y abrirnos a nuestros deseos, a pesar de todo.

Imagínate que estás a punto de hacer una presentación de un tema que te fascina y que te llevó meses preparar. Idealmente te conviene estar relajada y confiada porque sabes que este es tu momento de brillar y recibir apreciación.

Sin embargo, estás nerviosa porque sientes miedo de equivocarte y no expresarte correctamente. No sólo eso, sino que los escenarios catastróficos que tu mente empieza a imaginar van multiplicando la idea de que hacer esta presentación fue la peor idea del mundo y que no deberías estar allí.

De repente te vuelves torpe, tu lengua se traba, se te hacen lagunas mentales, no puedes escuchar lo que te están diciendo tus colaboradores, porque como estás en **modo supervivencia**, solo estás preparada para sobrevivir y nada más. Tu cuerpo no quiere que asumas ese riesgo. Igual estás, a punto de subir al escenario, con la sensación de que tus intestinos se van aflojando a cada paso que das.

Todo eso ocurre a causa del cortisol que te está implorando que salgas corriendo o que pelees (en este ejemplo no te pelearías con alguien, pero puede que la cagues de alguna manera para evitar tener que dar la presentación).

En lugar de disfrutar esta experiencia que tú misma elegiste vivir, porque amas tu profesión y el tema que vas a presentar te apasiona, estás sintiendo ansiedad, que encima estás resistiendo.

Quieres relajarte, pero no puedes. En ese estado de alerta, se vuelve imposible conectar con tu entusiasmo, creatividad, alegría y todas esas emociones que te ayudarían un montón a brillar y ser la exponente de lujo que sabes que eres.

Esto ocurre frente a cualquier meta desafiante que te pongas. El modo supervivencia parece que te ayuda a estar alerta, sin embargo, sabotea tus posibilidades de brillar y sentirte bien en cualquier etapa de tu logro, porque no te permite relajarte.

Aunque esto sea una gran molestia, no tendría que impedir que vivas tus deseos. Lo que tienes que saber es que siempre eres capaz de trascender tus miedos y, que el puente que te lleva desde el estado de supervivencia hacia todas esas emociones "positivas" que agregan a tu deseo cumplido, es que transites tus emociones y te relajes. No evades el miedo y saltas a la seguridad, sin antes haber vencido el miedo. Y para vencerlo y soltarlo por completo es necesario atravesarlo sintiendo el miedo.

El tema es que atravesarlo es demasiado incómodo y casi siempre lo resistes. Y cuando resistes algo haces que persista, y ahí es cuando normalizas sentirte mal todo el tiempo. O tal vez ni siquiera es que te sientes mal, vives atada a no querer sentirte mal y terminas agotada sin saber que toda tu energía se drenó en resistir sentirte mal.

Como te relaté al inicio, en mi historia con el tapping, en mi caso, al resistir sentirme mal porque pensaba que eso me iba a arruinar lo que ya había manifestado, creé una frecuencia de resistencia al miedo y la ansiedad, y al resistirlas persistieron por un par de años. Sin darme cuenta, viví con esas emociones latentes apagué mis deseos al drenar mi energía en forzar sentirme bien, cuando para relajarme y conectar conmigo, tenía que atravesar ese miedo y ansiedad que me perseguían.

De esta manera el tapping te permite atravesar estas emociones "negativas" con mayor facilidad. Porque si bien las sientes, al disminuir la producción de cortisol, gracias al estímulo que envías al sistema nervioso con los golpecitos, la sensación incómoda se disipa rápidamente. Si bien el tapping no evita que sientas esas emociones, al ayudarte con la relajación, hace que se vayan más rápido.

Las emociones como el miedo, el estrés, la ansiedad, la vergüenza, la culpa, entre otras, se liberan sintiéndolas. No resistiendo. En cuanto las resistas, harás que persistan y que resurjan cuando menos las esperes.

Volviendo al ejemplo de la presentación, en lugar de dejarte dominar por el miedo resistiéndolo, te permites sentirlo y soltarlo con tapping. Expresas en voz alta todos los pensamientos que te producen miedo y mientras el cuerpo se perturba por el cortisol generado ante la percepción de peligro, al hacer tapping, el nivel de cortisol baja y la sensación de miedo va desapareciendo.

Cuando llegas al punto de la relajación, tu percepción se abre a todas las razones y posibilidades que habías deseado cuando elegiste dar la presentación por fin conectas con la creatividad y ese ingenio que aparece cuando estás fluyendo, ya que esa creatividad e ingenio siempre estuvieron presentes y lograr que se manifiesten solo era cuestión de relajarte.

Así como logras brillar en tu presentación liberándote del miedo, puedes lograrlo con todo lo que quieres manifestar en tu vida. Todo ese éxito profesional, esa familia soñada, todos esos viajes, ya forman parte del todo que está conectado contigo. El puente que conecta tu percepción, es decir, tu manifestación, con esas realidades es asumir que todo eso ya es tuyo y relajarte en esa asunción.

Contrario a lo que muchos suelen creer, para manifestar no tienes que esforzarte o tratar de sentirte bien todo el tiempo. **La clave es relajarte, ya que desde la relajación tu percepción se abre y permite que lo que desees ingrese a tus experiencias sin resistencias.** No se trata de forzar lo que no es, sino de hacerte cargo de todas y cada una de tus emociones, abrirte a sentirlo todo y relajarte.

Método básico de EFT Tapping

Hacer tapping es muy fácil y consiste en realizar dos cosas: expresar lo que sientes y dar pequeños golpeteos en diferentes partes del cuerpo.

Comencemos por los golpecitos, que es lo más fácil y que es igual en cualquier tapping que hagas.

Con tu mano dominante, o con las dos, si da lugar, vas a dar pequeños golpeteos en los puntos que veremos a continuación. La fuerza es como si quisieras tocar a alguien en el hombro para pedirle permiso. No es ni muy fuerte ni es una caricia. Son golpecitos. Puedes usar dos o tres dedos o la extensión de todos los dedos. Lo importante es dar golpecitos en los puntos que vienen ahora:

Puntos EFT Tapping

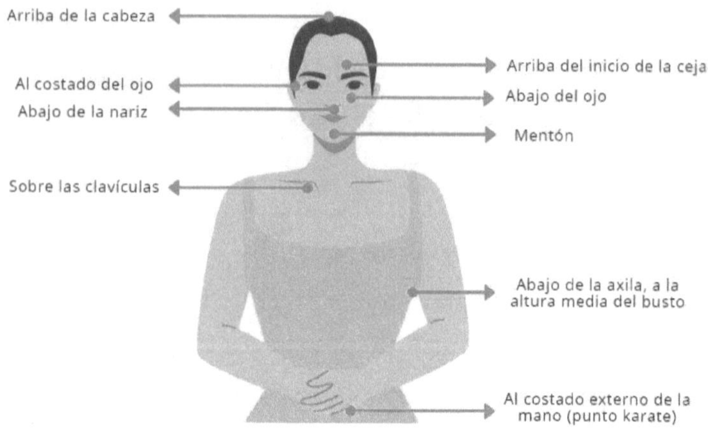

Costado de la mano: Este punto está en el costado exterior de la mano, en la parte acolchada (previamente, este punto se llamaba Karate, porque es donde golpearías si quisieras romper una tabla haciendo karate).

El costado de la mano se toca en una secuencia inicial, cuando estás preparándote para expresarlo todo. Este punto se puede saltear si la emoción que estás por liberar, ya la estás sintiendo intensamente. Cuando, en cambio, no está clara la emoción que te está perturbando, tocas este punto unos minutos.

En este libro vas a saltear el punto del costado de la mano porque las emociones estarán muy claras. Igual te lo menciono porque hay varias personas que lo usan.

Puntos en cabeza y torso: Los siguientes puntos se tocan como secuencia. Se pasa de un punto a otro al expresar cada frase. No es relevante la cantidad de golpeteos, sino ir avanzando por cada punto a medida que vas expresando lo que sientes. Para mí lo más fácil es decir una oración o una frase por punto y continuar.

Si la emoción a liberar ya está a flor de piel, se empieza por estos puntos directamente. No es necesario tocar el punto del costado de la mano.

Este es el orden de los puntos:

1. Arriba de la ceja.
2. Al costado del ojo.
3. Abajo del ojo.
4. Debajo de la nariz.
5. Mentón.
6. Zona de inicio de las clavículas.
7. Debajo de la axila, a la altura del pecho.
8. Arriba de la cabeza.

Luego del punto de arriba de la cabeza, la secuencia vuelve a comenzar desde arriba de la ceja.

Seguir este orden es muy fácil. Luego de hacerlo un par de veces te lo memorizas.

Si tocas estos puntos ahora, vas a ver que, sin decir nada, tu cuerpo se relaja. Cuando solo te quieras relajar, conocer estos puntos te servirá para ese momento, aunque no expreses nada.

El lado del cuerpo en el que lo haces, no es relevante. Puedes hacerlo con la mano derecha o con la izquierda, da lo mismo. También puedes hacerlo con una mano o las dos. Haz lo que te salga en el momento.

Por último, si por alguna razón, no puedes tocar algún punto, lo salteas sin problemas. El tapping funciona igual. Por ejemplo: si te duele el brazo y no puedes levantarlo para acceder al punto que está debajo de la axila, vas directo al punto que sigue y listo.

Qué decir al hacer tapping

Ahora que ya sabes qué puntos hay que tocar, veamos qué es lo que tienes que decir al hacer tapping.

Cabe aclarar desde ya, que es importante que hables en voz audible cuando estés realizando esta práctica. De esta forma te escuchas y además te abres a sentir tus emociones con mayor intensidad.

No es necesario hablar fuerte, sino que simplemente escuches lo que estás diciendo. Si estás en un contexto en donde no puedes hablar porque otros te escuchan, conviene que vayas a un lugar privado, como un baño, por ejemplo. No es lo mismo hacer tapping callada que hablando, siempre te recomendaré que hables.

En un nivel básico, hay una frase modelo que se usa como estándar con el fin de liberar emociones y sentir calma en cualquier momento.

Esta frase dice:

Aunque me sienta ...(emoción)..., elijo amarme, aceptarme y perdonarme profunda y completamente.

Por ejemplo:

Aunque me sienta ansiosa, elijo amarme, aceptarme y perdonarme profunda y completamente.

Puede que no creas que te ames, te perdones ni te aceptes profunda ni completamente. No importa. Lo más simple es decirlo y hacer tapping, aunque no te lo creas. Lo que estás haciendo es calmar el sistema nervioso y al nombrar la emoción que deseas liberar, te abres a sentirla para soltarla.

En todo caso, luego de eso podrías agregar: *"Aunque no me ame, elijo abrirme a esa posibilidad"*.

Luego de decir la frase modelo, empiezas a hablar lo que sientes mencionando la emoción y todos los pensamientos que disparan esa emoción. Después de expresarlo todo, cierras con la frase modelo y la repites hasta sentir calma.

Siguiendo con el ejemplo de la ansiedad, quedaría así:

"Aunque me sienta ansiosa, elijo amarme, aceptarme y perdonarme profunda y completamente.

Toda esta ansiedad… Uf, qué ansiedad, esta situación me está incomodando demasiado… No sé qué hacer, siento ansiedad… No puedo pensar en otra cosa… Esto me preocupa demasiado… Quiero tener una solución, pero no la veo… Y no saber qué va a pasar me genera demasiada ansiedad…

Aunque me sienta ansiosa, elijo amarme, aceptarme y perdonarme profunda y completamente… Aunque no me ame en esta situación, elijo abrirme a esa posibilidad… Aunque me sienta ansiosa, elijo amarme, aceptarme y perdonarme profunda y completamente."

Al final de la última frase, respiras profundo, mantienes el aire arriba unos segundos y lo sueltas relajando el cuerpo.

Como habrás notado, se mencionan cosas que muchos considerarían negativas. Recordando lo mencionado en capítulos anteriores, no hay ni bueno ni malo, lo que se siente es lo que hay y tienes que ser honesta para soltarlo todo.

Al hablar en voz alta cosas que te generan ansiedad, mientras haces tapping, te permites liberar la emoción apegada a eso. Diferente sería hablar de todo eso sin realizar tapping. Aquí la cuestión es abrirte a sentirlo todo y, expresarlo en voz alta te ayuda a ingresar en la emoción para desarmarla con el tapping.

Otras frases que puedes agregar para empezar a liberar las emociones son:

"A pesar de que me sienta así, me abro a soltar esta emoción ahora."

"Mientras hago tapping, libero de mi cuerpo toda esta sensación."

"Aunque me sienta así, me amo y me acepto igual".

"Aunque sienta toda esta incomodidad, elijo honrar este momento."

La intención de estas frases es hacerte cargo de lo que estás sintiendo para sentirlo mientras te relajas con el tapping.

Mientras vas haciendo tapping, es importante prestar atención a los pensamientos que aparecen y expresarlos para liberar la emoción que generan. Puede que, al relajarte, aparezcan memorias o ideas que tienen que ver con la situación que te está perturbando emocionalmente. Solo habla en voz alta de eso que te viene a la mente y presta atención a las nuevas sensaciones que aparecen. Es posible que en ciertos casos aparezcan emociones diferentes a las que aparecían al principio. Nómbralas para liberarlas de la misma forma.

Para el método catalizador de este libro, no vas a usar la frase estándar, sino que lo que expresarás estará completamente relacionado con tu meta y será más específico.

De todas formas, ten en cuenta toda esta información básica para cuando quieras hacer tapping general para liberar cualquier emoción que te incomode, más allá de tus metas.

Con la práctica y los ejemplos guiados que veremos más adelante, podrás hacer tappings espontáneos sin necesidad de guión.

Reacciones fisiológicas al hacer tapping

Ya que el tapping es una práctica de relajación aplicada al cuerpo, es muy habitual que este reaccione.

Es muy común que al hacer tapping bosteces, llores, lagrimees, estornudes o eructes (sí, qué gracioso, ¿no?). Igualmente, lo más usual es bostezar y llorar. Son signos de que el cuerpo se está relajando, sumado a que hay ciertas emociones que invitan al llanto.

A un nivel metafísico, hay personas que dicen que estas reacciones significan que estás liberando la emoción que antes estaba trabada en el cuerpo. Para mí es una combinación de las dos cosas: el cuerpo relajándose y una emoción siendo liberada.

Si, por ejemplo, haces tapping por la pérdida de un ser querido que no te animaste a sentir, obviamente vas a llorar mucho. Por momentos también vas a bostezar, pero lo más probable es que llores. En cambio, cuando haces tapping por ansiedad y miedo, es muy habitual bostezar.

De todas formas, cada cuerpo es distinto, así que las reacciones pueden ser muy diferentes en cada caso. Incluso puede no pasar nada físico y, aún así, funcionar a nivel emocional. Lo que hay que considerar al hacer tapping es que el objetivo de la práctica es relajarse, así que ser consciente de cómo te sientes cuando estás relajada, será tu principal indicador para la práctica.

Cuánto tapping hacer

Llegar a la relajación con el tapping no tiene una medida de duración específica. Puede que lleve una sola ronda de cinco minutos o varias rondas de 15-20 minutos, dependiendo de cuán intensa sea la emoción y cuánto te lleve sentirla y liberarla.

Un tip es que antes de hacer tapping midas la intensidad de la emoción que te perturba y la califiques del 1 al 10. Siendo 10 un nivel insoportable y 1 casi imperceptible.

Al inicio del tapping mides la intensidad de tu emoción y al final cada vuelves a medir. Ya que cada vez va bajando, haz tapping las veces que sean necesarias hasta que la sensación esté más cerca del 0 o 1.

Existe la posibilidad de que la emoción aumente con las primeras rondas de tapping porque es como si la estuvieras despertando. Si esto te ocurre, es natural y lo único que haces es seguir haciendo tapping hasta relajarte.

Errores comunes al hacer tapping

Como habrás visto, hacer tapping es fácil y no hay manera de que salga mal. Igual voy a nombrar ciertos errores que recomiendo evitar en tu práctica.

1. **No hacer tapping**: Parece chiste, pero no lo es. Ya que hacer tapping es fácil, muchas personas eligen saltearlo porque creen que como es fácil, es lo mismo hacerlo que no hacerlo. Pero no. Aunque sea de lo más simple, practicarlo va a crear una gran diferencia en tu experiencia, así que cuando veas que estás frente a la posibilidad de hacer tapping, hazlo.

2. **No ser honesta**: Decir lo que realmente piensas y sentir puede dar miedo. Lo que debes tener en cuenta en este caso es que, al hacer tapping, eso que dices se disipa. Por ende, no hay peligro de hablar en "negativo" o decir cosas que en otro momento no te permitirías. La honestidad es clave para hacerte cargo de toda tu experiencia, así que expresa todo lo que sientas. Es seguro expresarte.

3. **Cortar un tapping antes de tiempo**: Si justo sucede que en tu tapping despertaste una emoción que estaba dormida y que no sabías que estaba tapada, sigue haciendo tapping hasta que se disipe. Si cortas el tapping antes de neutralizarla, te sentirás mal. Y aunque tampoco es algo tan terrible, no te cuesta nada terminar tu ronda para liberar la incomodidad y calmarte.

4. **No hacer tapping en voz audible**: Más allá de que los golpecitos de tapping relajan, la técnica de tapping es más efectiva cuando hablas de lo que sientes. Hablando te escuchas y conectas más con la emoción. Si no puedes hablar en voz alta en donde estás, vete a otro cuarto o al baño. Tampoco es que tienes que subir la voz y gritar a cuatro vientos, simplemente es hablar en tono audible para tus oídos.

Recuerda siempre que el objetivo del tapping es relajarte. La clave para abrir paso a todas esas posibilidades con tu deseo cumplido es que te relajes. Al relajarte, bajas las barreras emocionales que están creando resistencias que bloquean el flujo de tus metas.

Por eso, no te compliques demasiado con el tapping. Todo este material lo tienes para facilitarte el proceso de relajación. Haz tapping cada vez que necesites relajarte y listo.

Método Catalízate

Por fin llegó el momento de unirlo todo. Ahora que ya tienes las llaves de tu libertad y la herramienta de relajación más fácil de todas, ya estás lista para hackear tu realidad.

El proceso es simple. Además de hacer los ejercicios, solo tienes que estar presente y considerar estas pautas:

- **Asumir completa responsabilidad sobre tus emociones y tu experiencia:**

Hacerte cargo es lo que te da el poder de transformación radical. A pesar de que hay cosas de tu experiencia que no has elegido a propósito, ábrete a la posibilidad de que si estás manifestando algo que no quieres, es porque tal vez te está causando un estímulo emocional que, de alguna manera, disfrutas.

Al asumir completa responsabilidad, pasas de estar encerrada en una cárcel, a ser la cárcel y liberarte sola.

- **Elegir metas desafiantes:**

Este método te sirve para manifestar cualquier cosa. Igual yo te recomiendo que elijas metas que te desafíen en serio. Metas que hasta ahora te resultaron imposibles. Metas que te incomodan tanto, que sientas que no vas a poder soportar el cambio.

La idea de Catalízate es acelerar tu proceso de cambio y esto se logra con metas desafiantes.

- **Reclamar el ahora como tu punto de poder:**

No importa tu pasado y tampoco importa que hasta ahora hayas "fallado" en tus manifestaciones. Tu poder de cambiarlo todo lo tienes ahora. Todo está en constante movimiento. Salte del tiempo lineal. El pasado ya no te condiciona y tu presente tampoco. Todo puede cambiar en cualquier momento y cuando cambia, cambia en el momento.

Ya que todo está en constante movimiento, que algo ocurra no requiere espera. Vives tu vida asumiendo que el cambio ya ocurrió y, tarde o temprano, lo vas a experimentar.

- **Evaluar tus evidencias con tus emociones:**

Puesto que la raíz etimológica de *evidencia* es hacer visible y manifiesto desde adentro hacia afuera, podrás ver en el momento, qué es lo que estás asumiendo adentro, a través de tus emociones.

La evidencia viene desde tu interior y te vas a dar cuenta con lo que sientes. Cuando asumes lo que te conviene, sientes paz y tranquilidad. Cuando te crees un cuento que no te conviene, sientes perturbación.

Esto no significa que no puedas sentirte mal, sino que te servirá de termómetro para evaluar qué estás asumiendo, ya que lo que percibes como real, o sea lo que manifiestas, es filtrado por tu asunción y confirmado por tus emociones.

Cómo manifestar catalizándote con Tapping

La secuencia para catalizarte con tapping es la siguiente:

Asumir - Relajarte - Seguir tu intuición

Primer paso: Asumir

Asumir es dar por hecho tu deseo cumplido. Es saber que te corresponde. Recordar que conectas con esa idea porque ya está en el campo de tus posibilidades. Asumir es dar por hecho eso que quieres, aunque tus emociones y tus circunstancias actuales te muestran lo contrario.

Asumir es saber que tu deseo cumplido es tuyo. No importa cuántas creencias contrarias tengas, no importa tu historia, todo lo que parecía no funcionar, dejará de tener efecto ahora. No importa por qué motivos venías asumiendo lo que no te convenía, la asunción la cambias ahora.

Asume que la respuesta para lo que quieres es sí. Sí a todo. No hay límite para lo que deseas. Ya no deseas por necesidad, deseas porque esa meta te corresponde y simplemente la estás reclamando.

Asumir es dar por hecho. Asumir es hacerte cargo de lo que consideras que es verdad. Asumir no es creer, no es imaginar, no es visualizar, no es querer algo porque no lo tienes. Asumir es darlo por hecho y punto.

Asumir es dar por hecho tu deseo, aunque no veas evidencia afuera. La evidencia la tienes adentro y puedes relajarte sobre tu asunción.

Con relación al tiempo, también eres libre de asumir el tiempo de tu deseo. Es decir, dar por hecho un deseo cumplido en un tiempo elegido por ti.

En mi experiencia, esto agrega más adrenalina y acelera aún más todos los cambios. Queda en ti, elegir si juegas a este nivel. Si fuera un juego, en este aspecto, el desafío sería que aunque sientas más adrenalina, sigas asumiendo tu deseo y te relajes, porque el tiempo, como vimos al principio, es una ilusión. Ahora, en mi opinión, es la ilusión más difícil de romper. Pero como siempre digo: Todo puede cambiar en cualquier momento y cuando cambia es en el momento, que podría ser cualquiera, por lo tanto, podría ser en el momento elegido por ti.

Ya sea que asumas con o sin tiempo elegido, sigues asumiendo completa responsabilidad sobre toda la experiencia. Mi recomendación personal es que te arriesgues y, si algo en ti te llama a elegir el tiempo, lo hagas, aunque sientas demasiada resistencia. Si te atreves a catalizarte con todo el Power, elige el tiempo también.

Las cosas no se dan por "cuestión de tiempo", las cosas se dan por lo que asumes que se tiene que dar. Relájate en tu asunción, seguí los próximos pasos y verás cómo todo cambia, más allá del tiempo.

Segundo paso: Relajarte (hacer tapping)

Relajar es dejar de resistir. Relajar es soltar lo que está tenso. Relajar es dejar de hacer fuerza.

Relajarte en tu asunción es dejar de resistir lo que sea que aparezca al abrirte a la experiencia de tu deseo cumplido. Relajarte en tu asunción es dejar de resistir el miedo, la ansiedad, la incertidumbre y cualquier emoción que aparezca al asumir tu deseo.

Relajarte en tu asunción es soltar las expectativas y dejar de controlarlo todo. Es dejar de preocuparte, sabiendo que vas a experimentar eso que deseas, aunque no sepas cómo va a llegar.

Y cuidado, no se trata de relajarse para manifestar algo. No hay más expectativas al relajarte, que relajarte.

Relajarte es que tus circunstancias te importan cero, que te importa cero lo que ves afuera.

Relajarte es dejar caer las paredes de resistencia que has creado, que hasta ahora han bloqueado que eso que quieres ingrese a tu experiencia.

Ejercicio:

Toma lápiz y papel y arriba de todo escribe una meta que te desafíe.

Debajo de la meta escribe: *"Me encantaría vivir esta experiencia, pero la verdad es que..."* y, seguido de ello, agrega todos los pensamientos y emociones que te hacen sentir que es imposible vivir ese deseo cumplido. Anota todo lo que surja.

Al final de todo escribe estos párrafos:

"Ahora que veo todas las emociones que me genera dudar de mi meta, me abro a admitir que tal vez estoy disfrutando demasiado este estímulo emocional.

Estoy dispuesta a aceptar que tal vez me estoy entreteniendo demasiado con estas emociones.

En este momento reclamo mi poder y me hago cargo de toda mi experiencia. Me da igual cumplir mis metas o no. Suelto todas mis expectativas ahora.

Aunque todo esto me haga sentir demasiado incómoda, elijo soltar mis resistencias y relajarme. Es seguro relajarme. Es seguro asumir este deseo cumplido."

Ahora, haz tapping comenzando por el punto de arriba de la ceja y lee en voz alta toda la hoja, incluyendo el nombre de tu meta, el enunciado y el cierre. El párrafo final, repítelo dos o tres veces.

Acá te dejo un ejemplo para este mismo ejercicio:

Arriba de la ceja: *"Quiero vivir viajando por el mundo, a partir de septiembre de este año.*

Costado del ojo: *Me encantaría vivir esta experiencia, pero la verdad es que no tengo dinero.*

Abajo del ojo: *Aún gano lo suficiente para darme ese lujo.*

Debajo de la nariz: *Tengo un montón de deudas, ¡no puedo pensar en un deseo así!*

Mentón: *Debería apuntar a algo más realista, pero no, en serio, me gustaría vivir viajando y ya no quiero esperar más.*

Clavícula: *Lo veo muy difícil, no sé cómo lograrlo, y menos en tan poco tiempo.*

Debajo de la axila: *No sé de dónde van a salir los recursos para algo así.*

Arriba de la cabeza: *No solo eso, además tendría que cambiar mi trabajo, o incluso toda mi vida, ¡es una locura!"*

Continuando con la misma secuencia de puntos:

"Cuanto más lo pienso, más lo quiero y más ansiosa me siento. Solo pensar en los países a los que quiero ir, y lo caros que son, me llena de miedos.

Ojalá fuera tan fácil como dicen. La verdad es que hacer esto ahora, me resulta imposible.

Sin embargo, acá estoy, deseándolo como una loca.

Quiero vivir viajando, viajar tranquila y disfrutar la vida. No debería ser tan complicado.

Veo tantas personas que lo hacen que me hace sentir avergonzada.

¿Qué tienen ellos que no tengo yo? ¿Por qué lo logran con tanta facilidad?

Si soy honesta, no sé cuán convencida estoy de que pueda lograr este objetivo.

Pensar en esta meta, no me da paz ni alegría. Me llena de inseguridades.

Ahora que veo todas las emociones que me genera dudar de mi meta, me abro a admitir que tal vez estoy disfrutando demasiado este estímulo emocional.

Estoy dispuesta a aceptar que tal vez me estoy entreteniendo demasiado con estas emociones.

En este momento reclamo mi poder y me hago cargo de toda mi experiencia. Me da igual cumplir mis metas o no. Suelto todas mis expectativas ahora.

Aunque todo esto me haga sentir demasiado incómoda, elijo soltar mis resistencias y relajarme. Es seguro relajarme. Es seguro asumir este deseo cumplido.

Aunque todo esto me haga sentir demasiado incómoda, elijo soltar mis resistencias y relajarme. Es seguro relajarme. Es seguro asumir este deseo cumplido.

Aunque todo esto me haga sentir demasiado incómoda, elijo soltar mis resistencias y relajarme. Es seguro relajarme. Es seguro asumir este deseo cumplido."

Respira profundo, mantén el aire unos segundos arriba, y suéltalo.

Felicitaciones, acabas de crear tu primer tapping catalizador.

¿Cómo te sientes ahora? ¿Te sientes más relajada o más incómoda? Si aún sientes mucha ansiedad, vuelve a hacer todo el tapping, agregando nuevos pensamientos que hayan surgido en la primera ronda.

Una vez que te sientas en calma, verás que al leer toda la hoja, empiezas a percibir que todos los miedos que escribiste, podrían ser mentira. Y que la meta que colocaste arriba de todo, podría ser realidad. Sientes esto, porque te relajaste y dejaste caer las paredes que te hacían sentir que era imposible. Desde este nuevo estado, tu percepción estará más abierta a todas las posibilidades alineadas con tus deseos.

El tapping que acabas de hacer, diseñado por ti, lo puedes aplicar a cualquier meta o desafío que tengas. Cuanto más honesta seas y más crudas las emociones, más efectivo será el ejercicio. No temas enfrentar estos monstruos, tú eres la creadora del código de este videojuego, así que hazte cargo de todos los niveles de dificultad.

Tercer paso: Seguir tu intuición

Ahora que estás relajada, disfruta de estar relajada. Escucha tu intuición y haz lo que se te dé la gana.

Intuición es una percepción inmediata, sin intervención de la razón. Ni siquiera llega a ser una idea. Es lo que podrías llamar corazonada. Es lo primero que te viene a la mente antes de que cuestiones qué es. Puede que tu intuición te invite a hacer algo que esté relacionado con tu meta y puede que no. Es totalmente aleatorio. Tampoco tienes que hacer nada por tu meta, simplemente: hacer lo que se te da la gana.

En la comunidad de la ley de atracción dirán que esto es tomar acción inspirada, pero no llega a eso porque no siempre vas a tomar una acción. Puede que tu intuición te llame a tomar una decisión y nada más que eso.

A partir de este momento es que le das la bienvenida a lo *random*. Comienzas a disfrutar tu vida sin expectativas. Como ya estás relajada y todo lo que tiene que ver con tu meta te da lo mismo, te empiezas a abrir a nuevas posibilidades que antes no percibías.

Dado que te mueves por intuición y, dejas la razón de lado, tu mente ya no te puede limitar como antes. Y sí, por momentos vas a dudar de todo porque vas a seguir pensando, ahí es en donde tus emociones te van a mostrar qué es lo que estás asumiendo.

Si te sientes perturbada, presta atención si lo que te perturba es un miedo conocido o un miedo vertiginoso porque estás experimentando algo desconocido. Sea cual sea la emoción, permítete sentirla y, si es necesario, la sueltas con tapping.

Por si acaso: cuando sigues tu intuición, no hay manera de que las cosas salgan mal. Puede que tu cerebro limitado te cuestione y te quiera convencer de que eso nuevo que quieres intentar no va a funcionar, es tu tarea convencerte otra vez de tu asunción.

Es obvio, además, que cuando te mueves por intuición, no vas a lastimar gente ni cometer delitos. Tu intuición sería como la linterna de tu alma, que es infinita en luz y amor. No hay manera de que tu intuición te lleve a hacer cosas que te perjudiquen a ti o a otros.

Lo fundamental de este paso es vivir sin expectativas. En cuanto pongas una expectativa, vas a crear limitaciones. Por eso, relájate y confía en tu intuición, ya que te llevará por el camino de lo ilimitado.

Te voy a dar unos ejemplos de mi vida, no para que generes expectativas, sino para mostrarte a qué me refiero con seguir la intuición y abrirse a nuevas posibilidades:

Lo más simple que me suele pasar, es que a veces tomo la decisión de comprar algo solo porque se me antoja, después, "por las vueltas de la vida", alguien termina regalándomelo. La última vez tomé la decisión de comprarme un tapado color camel, aun sin tener presupuesto extra para esa compra. Decidí que en los siguientes días iba a hacer la compra igual y en esa misma semana, mi abuela me regala un tapado de nobuk color camel, que me calzaba perfectamente. No solo era la prenda que quería, sino que además era de un mejor material, que costaba mucho más de lo que estaba dispuesta a invertir.

Hablando de cosas más "grandes", años atrás, cuando elegimos mudarnos a Perú con mi expareja, el sueño que tenía de vivir en una casa de campo, de cuento de hadas, también surgió de manera aleatoria. Si bien, antes de viajar había hecho una investigación exhaustiva de casas de campo, la que encontramos por casualidad terminó siendo 20 veces mejor de lo que había visto en internet y a un precio comodísimo.

Resulta que recién llegados a la ciudad de Cusco se nos ocurre salir a caminar sin mapa. En eso aparecimos en una calle llena de combis (minibuses) con destino al Valle Sagrado. No era nuestro plan ir esa misma mañana, pero decidimos subirnos a una combi solo para pasear. La primera parada del Valle era en Pisac y bajamos a recorrer el bello pueblito. Como se hizo tarde, decidimos quedarnos a dormir en un hotel.

Justo esa noche, el río que pasaba por ahí se desbordó y se habían bloqueado los accesos de regreso a la ciudad, por ende, nos quedamos varados en el Valle. Aprovechando que estábamos ahí, decidimos ir a ver casas que nos habían ofrecido por Facebook. En el camino de un pueblo a otro sentí la corazonada de ver una casa que no estaba en las primeras opciones. Tuvimos que parar la combi de golpe porque ya habíamos pasado de su pueblo. Nos bajamos y al costado de la pista justo había un perro negro, muy parecido al que teníamos y que pronto iba a llegar desde Argentina. Sentí la aparición de ese perrito como confirmación de que estuvo bien bajar de la combi. Me comuniqué con el dueño de la casa y nos guió para encontrarla subiendo la montaña. Cuando por fin llegamos, estábamos en medio del paraíso.

La casa tenía un aire a una casa diseñada por una arquitecta sustentable que seguía en Pinterest. La diferencia era que esta casa era mucho más linda y tenía un paisaje bellísimo. Encima, había un montón de perritos amorosos. El precio era menor de lo que presupuestamos, así que no tardamos mucho en reservarla. Tres días después, nos mudamos en cuanto llegó nuestro perro desde Argentina, y a la semana siguiente, declararon cuarentena obligatoria por el Covid-19.

Decir que tuvimos suerte, quedaba chico. Mientras que a millones de personas no les quedó otra que encerrarse en sus departamentos y truncar sus proyectos, yo estaba viviendo mi sueño en el Valle Sagrado. Más allá de que ya venía asumiendo y relajándome en el deseo cumplido hacía meses, el toque final del sueño fue gracias a una movida aleatoria de salir a recorrer la ciudad sin mapa, solo por diversión.

Podría seguir y llenarte el libro de historias en las que mi intuición (hacer lo que se me cantaba en el momento) me ha llevado a manifestar lo que quería sin esperarlo, pero quiero que tú lo vivas en carne propia.

Tu intuición está para seguirla, no para cuestionarla. Soy consciente de que tal vez por mucho tiempo has callado esa voz por miedo. Pero ahora, ya sabes cómo disolver el miedo, así que este es el momento en el que empiezas a manifestar suerte y casualidades gracias a tu intuición.

Tu intuición es ilimitada porque viene de tu alma. No tiene juicios, ni tiene programaciones. Tu intuición no tiene los límites que trae tu cerebro chiquitito. Entonces, una vez que asumas y te relajes, dale paso a tu intuición para que enriquezca tu existencia.

Tu intuición es la ventana entre tu "ahora de ahora" y el "próximo ahora" conectado con tu deseo cumplido.

¿Cómo identificas tu intuición? En mi experiencia:
- Es eso que sientes dentro tuyo (palabra, imagen, sonido, etc.), que es independiente de lo que tus cinco sentidos perciben en el momento.
- Es un impulso que viene de la nada (o sea, del infinito) y parece que no tiene sentido.
- Como ese impulso no trae razón lógica, tu cerebro probablemente va a querer cuestionarla. La duda que sientes podría mostrar que lo anterior es intuición. (Con la práctica la vas a cuestionar menos, así que esto solo se nota al principio).

Continuando con el ejemplo del ejercicio anterior en donde te mostraba un tapping para relajarse en el deseo cumplido de vivir viajando, luego de soltar las resistencias tu intuición puede que te llame a ir a la librería a comprar un cuaderno para empezar a planear tus viajes. O bien podría llamarte a mirar una película aleatoria.

Ya que la intuición viene sin expectativas, estás abierta a que cualquier recorrido, por más aleatorio que sea, permita entrar nuevas cuestiones que tengan que ver con tu realidad deseada. Acá es en donde aparecen las famosas "señales".

Las señales no te indican hacia dónde ir. Las señales son generadas por ti, confirmando de manera aleatoria que la realidad con tu asunción ya está en marcha. **Las señales no son para seguir, son para confirmarte que tu asunción ya existe en el campo de las posibilidades**.

Por ejemplo, si tu deseo es viajar a México, y después de asumir, relajarte y seguir tu intuición, estás caminando por la calle y, de la nada, una persona con acento mexicano te detiene para preguntarte la hora, esa podría ser una señal de que tu percepción entendió hacia dónde se tiene que abrir (acento mexicano), para dejar ingresar tu deseo cumplido.

Salvo que hayas elegido el tiempo, sigue haciendo caso a tu intuición, y cuando menos lo esperes estarás viviendo en tu deseo cumplido. En caso de que hayas elegido el tiempo, sigue tu intuición con mayor firmeza, porque la expectativa de tiempo lineal del cerebro va a cuestionar tus impulsos. Tal vez acá convendría hacer tapping para soltar las resistencias a seguir la intuición. De todas formas, el proceso sería el mismo: Asumir la meta en el tiempo elegido, relajarte y seguir tu intuición.

Poniendo otro ejemplo personal, cuando decidimos con mi expareja vivir en el Valle Sagrado, habíamos elegido en qué mes iba a ocurrir. Nuestras cuentas bancarias no reflejaban el dinero necesario para esa meta al momento en el que lo decidimos, sin embargo, lo asumimos igual.

A medida que iban pasando los meses, mi cerebro dudaba cada vez más de esa meta, porque el dinero no aparecía. Pero tal cual menciono una y otra vez, al asumir que todo podía cambiar en cualquier segundo, seguimos viviendo como si nos fuéramos a mudar, más allá del dinero. Y así, cuatro meses antes de mudarnos, empezó a aparecer mucho dinero de golpe, de formas totalmente inesperadas. Clientes que elegían pagar varios meses de servicio por adelantado, regalos de amigos y familiares, dinero que nos debían, y así.

Si hubiésemos esperado a tener el dinero que creíamos suficiente para la mudanza, jamás nos hubiésemos ido. El número en cuestión era bastante grande, hoy creo que no hubiese aparecido si no nos movíamos. Nos habríamos quedado esperando. La adrenalina de no saber cómo iba a aparecer el dinero me generaba muchas dudas, pero al final todo terminó saliendo perfecto.

En fin, al seguir tu intuición, en cualquier momento harás match con cualquiera de las infinitas posibilidades en donde aparece tu deseo cumplido.

Estás tan relajada disfrutando el presente y divirtiéndote, que recibir tu deseo cumplido será obvio. Claro que vas a mirar para atrás y te sorprenderá todos los pasos que diste para manifestarlo. Verás que no tenías manera de saber cómo iba a suceder.

Esto es lo que llamamos magia. Hacer aparecer algo "de la nada", sin saber cómo, y sin saber por dónde. **Hacer posible una meta imposible**.

Catalízate: ahora es tu turno

Con todo el método desglosado y las pautas de base, ya estás lista para catalizarte. Esto es lo que harás a partir de ahora:

1. **Asúmelo:**
Asume lo que tengas que asumir para abrir paso a ese deseo. No hay límites. La orden es: Sí a todo. Sí al amor, a la libertad, a la salud, a la riqueza… Sí a TODO.

2. **Relájate:**

Libera tus resistencias y ábrete a sentir todas tus emociones. Lo que tu cuerpo necesite sentir para relajarse en tu asunción lo vas a sentir. Haz todo el tapping que necesites para soltar lo que esté tenso. Haz tapping para el miedo, la ansiedad, la vergüenza, la frustración, no tengas miedo de ingresar en emociones incómodas. La única manera de desarmarlas es entrar en ellas y disolverlas desde adentro. Relájate y haz tapping hasta que todo te importe cero.

Para hacer tapping, escribe en papel tu meta y tus emociones, o hazlo en el momento, con lo que te venga a la mente. Anotar en una hoja no es necesario si te animas a hacerlo espontáneamente.

A continuación, te dejo más frases y variaciones para tus tappings.

Frases para iniciar tu tapping, nombrando tu meta:
- Mi meta es…
- Deseo…
- Quiero…
- Mi deseo es…
- Me encantaría…
- Cómo me gustaría que…

Frases para nombrar las emociones a disolver:

- Aunque esa es mi meta, la verdad es que…
- Cada vez que pienso en mi meta siento…
- En este momento me siento…
- Me encantaría relajarme, pero…
- Honestamente, siento…
- Aunque no quiera decirlo, la realidad es que…
- Ojalá no sintiera…
- Lo que me incomoda es que… y eso me hace sentir…
- Cómo me gustaría soltar todo/a este/a…
- Mi cuerpo siente…
- No sé qué es, pero siento demasiada incomodidad en… (pecho, estómago, espalda, etc.).

Frases para sentir y soltar las emociones:
- Estoy dispuesta a admitir que estoy disfrutando sentirme así, y me hago cargo.
- Aunque sienta todo esto, elijo asumir completa responsabilidad sobre mi vida.
- Me abro a aceptar que me estoy entreteniendo demasiado con estas emociones.
- Aunque me sienta así, me amo y me acepto igual.
- Suelto mis resistencias ahora.
- Suelto mis expectativas ahora.

- Disuelvo estas emociones ahora.
- Me abro a sentir estas emociones y soltarlas.
- Abro mi energía para liberar estas emociones.
- Libero esta emoción de cada célula de mi cuerpo.
- Me abro a relajarme.
- Me abro a sentir calma.
- Elijo que sea fácil relajarme.

Frases de cierre:
- Qué bien que se siente relajarme.
- Qué bien que se siente asumir este deseo cumplido.
- Estoy lista para recibir mi deseo.
- Ahora que ya estoy relajada, me abro a decir que sí a mi deseo cumplido.
- Me abro a decir que Sí a cualquier milagro, coincidencia, casualidad que me conecte con el campo infinito de posibilidades en donde cumplo mi meta.
- Es seguro relajarme.
- Mi percepción ya está abierta a una nueva realidad.
- Asumo mi deseo cumplido ahora.
- Qué fácil es relajarme en mi deseo.
- Así es y así será.

Estas frases son ejemplos que yo uso en mi práctica, que puedes variar y diseñar también por tu cuenta. Lo importante es ser honesta y dirigir tu tapping hacia la relajación.

Al final de cada tapping, respira profundo, mantén el aire unos segundos arriba y suéltalo, relajando el cuerpo.

3. **Sigue tu intuición y haz lo que se te dé la reverenda gana:**
Hazles caso a tus corazonadas. Tu intuición es lo que te conecta con el campo infinito de posibilidades. Si te cuesta escuchar tu intuición, practica más tapping. En lo aleatorio está la magia.

Ideas para agregar más emoción y adrenalina a tus manifestaciones.

El hecho de elegir una meta desafiante ya te va a generar una buena ensalada de emociones para liberar. Si quieres más picante, te dejo algunas ideas para seguirte catalizando:

- Ponles tiempo a tus metas: Elige cuándo quieres que ocurran. No importa si en el pasado te pusiste fechas límite y no funcionaron. Esto va más allá del límite, elige el tiempo igual y ábrete al campo de posibilidades en donde todo cambia justo para tu meta. Si no se da es porque no lo asumes. Practícalo varias veces y verás que el tiempo es maleable.

- Habla con tus amigos sobre lo que estás manifestando: Hablar sobre tus deseos genera mucha incomodidad porque te abres al juicio de otras personas. Verás que el juicio que percibes de su parte probablemente sea reflejo de los tuyos. Aprovecha el espejo para dirigir el movimiento y asumir tu meta cumplida, con testigos.

- Juega con tus sueños: Todos los días vete a dormir sin resistencias y piensa en lo que estás manifestando. Cada noche haz tapping para soltar cualquier emoción que estés resistiendo y verás que es muy probable que sueñes con tu meta cumplida. Lo más loco que va a suceder aquí, es que al moldear tus sueños, verás que estás moldeando tu realidad. Tus sueños son un nuevo estilo de confirmación de que eso que deseas está cada vez más cerca.

Para concluir este libro, te dejo una serie de tappings guiados que podrás repetir y practicar las veces que quieras. Anímate a agregar tus propias frases y palabras, con lo que sientas en el momento.

Tappings guiados, estilo Catalízate

Tapping para dinero

Para manifestar dinero, recuerda que el foco nunca está en el dinero, sino en las experiencias que quieres vivir. Cuando te aprecias a ti misma sobre el dinero, el dinero se rinde ante ti.

El objetivo, en este caso, será quitarle importancia al dinero y enfocarte en tu meta, sabiendo que todo el dinero y los recursos que necesitas para cumplirla, aparecerán.

Comienza por el punto de arriba de la ceja:

"Mi deseo es (nombra tu meta)… Me encantaría vivir esta experiencia y sentirme segura… Pero la verdad es que cuando pienso en el dinero, me lleno de ansiedad… Siento demasiada ansiedad, miedo y frustración… Siento que esta situación es más fuerte que yo… Cada vez que entro a mirar mis cuentas, cada vez que miro mis deudas, siento que se me cierra el estómago…

El dinero representa un gran obstáculo en mi vida y ya estoy cansada de sentirme mal por esto... No sé qué más tengo que hacer para que esto sea más fácil... Me molesta pensar, que para esta altura de mi vida, ya tendría que tener resuelto mi dinero... Sin embargo, acá estoy, sintiendo ansiedad cada vez que me enfoco en dinero... Quiero vivir esta experiencia (nombra tu meta), y siento que el dinero es lo que me está limitando... Si tuviera más dinero, siento que todo sería más simple, más directo...

Ojalá el flujo de dinero fuera más fácil... Me encantaría que fuera más fácil... Y como mi deseo, en realidad, es que mi vida sea fácil, en este momento me abro a ese campo de posibilidades... Me abro a la infinidad de realidades, en donde cumplir mis deseos es fácil, en donde el dinero me apoya constantemente... Por eso, aunque sienta demasiada resistencia con el dinero, elijo amarme y aceptarme igual... Elijo amarme y aceptarme igual... Aunque mirar mi dinero me genere ansiedad, miedo y frustración, me abro a sentir calma...

Y mientras voy haciendo tapping, abro mi energía a soltar todas estas emociones… Me abro a sentir calma… Ya que, si soy honesta y me hago cargo, estoy dispuesta a admitir que me estoy entreteniendo demasiado con esta frustración… Admito que disfruto esta sensación de incertidumbre… Y que aunque me haga sentir mal, es un drama que me distrae bastante… Porque la realidad es que el dinero nunca me limitó ni me ha limitado… Es una ilusión que he creado para distraerme y no asumir completa libertad…

Si miro mis experiencias, veré que en realidad sí he manifestado muchísimo dinero a lo largo de estos años… Si sumo todo el dinero que he hecho aparecer en mi vida, veré que este miedo a no tener dinero es una ilusión… Y que más allá de mis condiciones actuales, siempre fui libre de hacer lo que quise… El universo siempre me ha apoyado en mis deseos y, esta no es excepción… Por eso confío en mi poder ilimitado de manifestar todo lo que quiero y suelto el control ahora…

Suelto toda expectativa de cómo tendría que aparecer el dinero… Suelto la preocupación de no saber cómo se va a resolver este tema… Elijo saber que todo fluye perfectamente y que si parece que no, es porque yo estoy bloqueando mi abundancia con mi drama…

Me hago cargo de este drama que creé y lo suelto ahora… Ya no me importa el dinero… Me da igual, mis deseos se cumplen haga lo que haga… Así que ahora elijo relajarme… Y me abro a decir que sí a mi libertad, sí a mis deseos, sí a apreciar mi vida… Digo que sí a la abundancia, sí a que se abran todas las vías en las que ingresa mi deseo cumplido…

Mientras me relajo, abro mi percepción al campo infinito de posibilidades en donde mi deseo aparece con facilidad… Es seguro relajarme… Qué bien se siente relajarme… Estoy lista para disfrutar mi vida y recibir mis deseos."

Respira profundo, mantén el aire unos segundos y suelta. Repite este tapping hasta sentirte relajada.

Tapping para relaciones

Cuando hagas tapping para manifestar o transformar tus relaciones con otras personas, recuerda que lo que aparece en tus experiencias, es acorde a tus asunciones. Lo que asumes que es verdad, se verá reflejado en todo, hasta en los comportamientos de los demás.

El enfoque en este tapping será asumir lo que te conviene asumir y quitarle emoción a cualquier condición que te haga percibir lo contrario. Este tapping funciona para personas específicas y para personas en general. Ya sea que lo hagas para una relación romántica, de amistad, de familia, una relación profesional, o a todas las personas en general, cambia tus palabras de acuerdo con lo que sientas, siendo totalmente sincera.

Importante: Cuando nombres tu meta, sé clara. No digas que quieres pareja, quieres estar dentro de una relación de pareja.

Comienza por el punto que está arriba de la ceja:

"Mi deseo es (nombra tu meta)... Quisiera vivir esa experiencia, pero siento que es muy difícil… Siento que esto que quiero no es correspondido… Creo que esta persona no me valora de la misma manera y eso me hace sentir insegura… Me hace sentir despreciada, me hace sentir que no importo… Me hace creer que no importa lo que siento… Me encantaría que esta persona se comporte diferente, pero siento que es imposible…

Cuánta impotencia, qué insegura me siento en esta situación... Desearía que no me afecte tanto... Me encantaría enfocarme en mí, pero esto se lleva toda mi atención... Todo lo que hago, todo lo que trato de mejorar en mí, es para que esa persona por fin se dé cuenta de quién soy...

Quiero que me vea, quiero que me reconozca, quiero que me valore, pero me siento ignorada... Me siento despreciada... Ojalá viera todo lo que soy... Ojalá me apreciara de la misma manera que yo a él/ella... Cada vez que pienso en esta conexión, me lleno de ansiedad... Me obsesiono y me da vergüenza verme así... No tiene sentido que me sienta tan mal por otra persona... Sin embargo, acá estoy, entregando mi poder a alguien más...

Ya estoy cansada de sentirme tan impotente... Por eso, en este momento me hago cargo de mis emociones... Y asumo completa responsabilidad sobre mi vida... Me abro a reclamar mi poder de vuelta y aceptar que yo soy la creadora de mis experiencias...

Estoy dispuesta a admitir que este drama me está entreteniendo demasiado… Me abro a aceptar que tal vez esta es mi creación, porque disfruto la sensación de ser impotente… La verdad es que odio esta sensación, pero como le doy tanta atención, estoy demostrando que me entretiene… Al revolcarme en el barro de este drama, estoy creando más drama… Drama que me resisto a soltar… Porque crear drama, me da sensación de control… Cuando asumo lo que no me conviene, sé que esta persona me lo va a reflejar y me voy a sentir mal… No hay fallas en esta secuencia, la sensación de control es lo que debo soltar…

Por eso en este momento me hago cargo de mis experiencias y suelto el control… No necesito controlar a otras personas, solo tengo que hacerme responsable de mis emociones… Y mientras me hago consciente de todo esto, veo que en realidad yo soy quien crea mis experiencias… Porque cuando asumo algo que no me conviene, esta persona me lo refleja tal cual… Pero ¿qué pasaría si asumo algo nuevo?... ¿Qué pasaría si asumo lo que me conviene?... Si asumo algo que me conviene y me abro al campo de posibilidades infinitas, me abro a que esto se vuelva incontrolable… No sé si podré soportar más…

La verdad es que ya estoy demasiado cansada de tanta frustración… Ya me cansé de sentirme mal por esta persona… Por eso suelto el control ahora… No necesito controlar a nadie, ni siquiera a mis propias emociones… Solo necesito asumir lo que me conviene y relajarme… Y si por momentos tengo ganas de sentirme mal, me haré cargo de mi drama… Me abriré a sentir lo que mi cuerpo quiera sentir… Y lo soltaré… Tal como estoy haciendo ahora…

Este es el momento en el que me abro a sentirlo todo… Si mi cuerpo quiere drama, me abro a sentir el drama… Me permito sentir toda la tristeza, culpa, vergüenza, ansiedad, (nombra lo que sientas)… Y mientras siento todas estas incomodidades, veo que liberarlas es fácil… Ya puedo sentir cómo estas emociones se comienzan a disolver… A medida que me expreso, ya siento cómo mi cuerpo se relaja… Estoy abriendo mi energía a relajarme… Abro mi ser a sentir calma… Me abro a que todo lo que veo ahora sea neutral… Me da igual lo que está pasando con esta persona…

Cuando estoy relajada no me importa lo que esta persona haga o no haga… Porque ahora confío plenamente en mí… Confío en mi nueva percepción… Confío en que eso que quiero ya es posible… No tengo que hacer nada para cambiar a esta persona… Ni siquiera tengo que cambiar yo… Sólo tengo que relajarme y asumir mi deseo cumplido… Qué bien se siente relajarme… Es seguro relajarme… Todo está bien… Todo fluye perfectamente… No me importan las condiciones, lo que me importa es relajarme y disfrutar este momento, en el que todo ya está cambiando a mi favor…

Qué bien se siente relajarme en mi asunción y vivir mi vida como se me dé la gana… Estoy abierta a apreciarme por completo y valorarme en este preciso momento… No me falta nada, soy suficiente, ya estoy completa… Mi realidad está completa… Así es y así será siempre."

Respira profundo, mantén el aire unos segundos y suelta. Relaja el cuerpo y ¡vive tu vida! Haz lo que tu intuición te llame a hacer, no hay nada que pueda salir mal. Todo está bien. Estás segura.

Tapping para amar tu cuerpo

Si tienes una lucha constante con tu cuerpo y sientes que es tu enemigo, este tapping te ayudará a catalizar cualquier proceso de aceptación completa con tu físico, ya que, como todo, tú lo has creado.

Esto va más allá de las condiciones que tengas, tu cuerpo es el envase que te está soportando y merece que te hagas responsable de su bienestar también.

El objetivo de este tapping es que asumas que tu cuerpo está completo, que es suficiente y que está para ser tu sostén. Que así como tu cuerpo te ha sostenido siempre, tú también lo has amado aunque no te hayas dado cuenta.

Ya que vamos a dirigirnos al cuerpo, como te decía al principio del libro, ante cualquier duda, debes consultarlo con tu médico antes de hacer el ejercicio.

Para este tapping, primero mírate al espejo, siente las emociones que vengan y expresa las siguientes frases, comenzando por el punto que está arriba de la ceja:

"Mi deseo con mi cuerpo es (meta)… Me encantaría que mi cuerpo (meta), y siento que no es tan fácil como dicen… Si soy honesta, la verdad es que no estoy a gusto con mi cuerpo… Por más que me digan que me tengo que amar y aceptar… Sinceramente, no me amo tanto… No me gusta mi cuerpo… No estoy conforme con cómo es ni con cómo funciona… Mi cuerpo está lleno de fallas… Me es imposible amarlo por completo…

Cada vez que me miro al espejo siento vergüenza… No estoy a gusto con mi cuerpo… Verme al espejo, pesarme en la balanza, me hace sentir que estoy (describe cómo te ves, ej: gorda, fea, flaca, enferma, etc.)… ¿Cómo voy a amar mi cuerpo si es así?… ¿Cómo voy a amarlo si aunque intente cuidarlo, me devuelve este reflejo en el espejo?… Odio mirar mi cuerpo… Ojalá pudiera cambiarlo… Pero no, acá estoy sola, conmigo, sintiéndome horrible y siendo mi peor crítica…

La verdad es que ya estoy cansada de sentirme así… Estoy cansada de tratarme mal… Y siento que mi cuerpo también está cansado de mi maltrato… Siento que mi cuerpo no se puede relajar, porque lo estoy forzando a que sea perfecto… Además, me estoy forzando a sentirme bien todo el tiempo, cuando no siempre me siento bien…

Lo que no me he dado cuenta hasta ahora, es que no tengo que forzar algo que no soy… Que no tengo que forzar mi cuerpo a nada… Mi cuerpo me ha sostenido toda mi vida, sin que lo obligue… Si no fuera por mi cuerpo, si no fuera por mi esqueleto, si no fuera por mis tejidos… Si no fuera por mis órganos, si no fuera porque estoy respirando… Yo hoy no estaría acá… Sin embargo, vivo cuestionándolo, vivo exigiéndole que cambie, sin haberlo apreciado primero… Por eso, en este momento, me hago cargo de mi vida y me abro a apreciar mi cuerpo… Me abro a apreciar cada hueso, cada órgano, cada célula… Aunque me cueste amar mi cuerpo, me abro a esa posibilidad… Me abro a amar y honrar mi cuerpo, así como está ahora…

Toda mi vida necesité mi cuerpo y mi cuerpo estuvo conmigo… ¿Cómo no lo voy a apreciar?… ¿Cómo no lo voy a tratar bien?… Wow, ahora me doy cuenta de lo dura que he sido realmente… Y que mi cuerpo igual me ha sostenido y no me ha abandonado nunca… Tal vez vivimos enfermedades, tal vez hemos sentido dolores, y a pesar de todo, mi cuerpo nunca me ha abandonado… Por todo esto es que, aunque me haya maltratado tanto tiempo, este es el instante en el que me perdono… Elijo amarme y perdonarme, profunda y completamente…

Me perdono por haber despreciado mi cuerpo… Y no es que me perdono con la expectativa de cambiarlo… Me perdono y me honro porque por fin soy consciente de lo maravilloso que es… Admito que me encantaría una apariencia diferente… Admito que me encantaría que el espejo me devuelva otra imagen… Pero ahora soy consciente de que yo muevo el espejo… Y estoy dispuesta a admitir que me estoy entreteniendo mucho con el drama de forzar mi cuerpo a ser diferente… Porque la realidad es que mi cuerpo lo creé yo, y es el soporte perfecto para mi alma y espíritu.

Ahora soy consciente de que mi cuerpo responde a mis asunciones y a cómo yo lo aprecio… A partir de ahora, asumo que ya soy bella, que ya me gusto, que me amo… El espejo me dará esa imagen de mi cuerpo… Yo soy el centro, yo soy la creadora de mi cuerpo, mi vida y mi experiencia…

Este es el momento en el que hago equipo con mi cuerpo… Este es el momento en el que me comprometo a tratarlo bien… A darle el amor que desea… Me comprometo a amarlo de la mejor manera… No porque quiera cambiarlo, sino porque lo aprecio así como es… Y mientras me uno con la belleza y la perfección de mi cuerpo, me abro a relajarme y confiar…

Confío en mi cuerpo… Confío en que funciona perfectamente… Confío en este equipo… Qué bien se siente apreciar mi cuerpo… Qué bien se siente relajarme en este cuerpo… Qué bien se siente recordar que mi cuerpo siempre me ha amado… Qué bien se siente relajarme en este cuerpo."

Respira profundo, mantén el aire unos segundos arriba y suelta. Mírate al espejo. Si aún sientes incomodidad, vuelve a hacer el tapping hasta que te mires y sientas calma.

Conclusión.

Gracias por acompañarme en esta obra. Espero haberte dado las llaves para experimentar tu libertad al máximo. Deseo que cumplas todas tus metas y que, en serio, te des cuenta de lo poderosa e ilimitada que eres.

Yo me catalicé escribiendo este libro, estoy muy emocionada por lo que viene a continuación tanto para ti como para mí.

Ahora es tu turno para catalizarte.